길 위에서 길을 묻다

길 위에서 길을 묻다

초판 1쇄 인쇄 2019년 11월 11일
초판 1쇄 발행 2019년 11월 22일

지은이 차재형
펴낸이 김지홍

편집 김지홍
디자인 이미리

펴낸곳 도서출판 북트리
주소 서울시 금천구 서부샛길 606 30층
등록 2016년 10월 24일 제2016-000071호
전화 0505-300-3158 | 팩스 0303-3445-3158
이메일 booktree11@naver.com
홈페이지 http://blog.naver.com/booktree77

값 13,000원
ISBN 979-11-6467-018-5 13810

• 이 책은 저작권법에 따라 보호를 받는 저작물이므로 무단전재 및 복제를 금지합니다.
• 이 책 내용의 전부 및 일부를 이용하려면 저작권자와 도서출판 북트리의 서면동의를 받아야 합니다.
• 잘못된 책은 구입하신 서점에서 바꾸어 드립니다.

이 도서의 국립중앙도서관 출판예정도서목록(CIP)은 서지정보유통지원시스템 홈페이지(http://seoji.nl.go.kr)와 국가자료종합목록 구축시스템(http://kolis-net.nl.go.kr)에서 이용하실 수 있습니다. (CIP제어번호 : CIP2019045037)

선생님이 들려주는

학생, 학교, 선생님 이야기

길 위에서 길을 묻다

차재형 지음

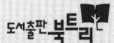

글을 열며

저는 대한민국의 수많은 선생님 중 한 사람입니다. 그리고 지금 이 시간도 보다 더 나은 선생님이 되기 위하여, 아이들에게 배움과 삶에 대해 보다 더 많은 것들을 가르치기 위해 고민하고 노력하는 지극히 평범한 선생님입니다.

이십여 년 전, 교단에 서던 첫날의 설렘을 지금도 생생하게 기억합니다.
낮지만 한없이 높은 교단을 응시하던 수십 개의 초롱초롱한 눈망울들을 바라보며 좋은 선생님이 되고 싶다는 순수한 열정으로 학생들과 같이 울고 웃고 앞길만을 바라보며 쉼 없이 달리다 보니, 이립(而立)의 청년은 어느새 지천명(知天命)을 바라보는 삶의 고갯마루에 서 있고, 귀밑머리도 조금씩 세어가고 있습니다.
선생님으로 살아온 짧지 않은 지난 세월, 희로애락이 뒤엉킨 시난고난한 일들도 많았고, 교육자로서의 희열을 온몸으로 만끽하던 순간도 있었고, 되돌이켜 생각하면 손가락에 박인 옹이처럼 아프고 미안한 기억도 있었습니다.

이 부족한 글을 쓰게 된 결정적 계기는 선생님으로 살아온 지난 시간들을 차분하게 되돌아보고 반성하며, 한 걸음 더 도약하는 계기로 삼고 교직 생활에서 겪고 느낀 많은 이야기들을 조그맣게 모아 다른 선생님들과 공유하고 싶었기 때문이며, 우리의 교육이 세파에 흔들리지 않고 더욱 강고하게 뿌리내리기를 바라는 선생님으로서의 작은 소망과 남은 시간들을 값지게 마무리하고 싶다는 소소한 바람 때문입니다.

또한 단순한 밥벌이로서의 선생 노릇이 아니라 우리 아이들이 올곧게 자라서 이 사회를 지탱해 갈 든든한 버팀목으로 자랄 수 있도록 우리 선생님들은 어떤 길라잡이가 되어주어야 할 것인가를 진지하게 고민했고, 학교현장에서 경험한 내용들과 평소 교직에 대해서 가지고 있었던 생각들을 한 번쯤은 세상에 나지막하게 말하고 싶었습니다.

그리고 보잘것없을 수도 있지만 앞서 걸었던 선배 선생님으로서의 경험을 꾸미지 않는 편안한 주절거림으로 후배 선생님들과 나눔으로써 교직 생활에 도움이 되었으면 하는 바람이 있었고, 교육현장에서 겪은 일들을 토대로 우리 교육이, 선생님들이 나아가야 할 방향에 대해 같이 고민하고 길을 찾고 싶었습니다.

그리고,
그러한 소소한 바람들을 담고 담아 이제 세상에 내보이려 합니다.

2019년 여름 심우재(尋牛齋)에서

| 목차 |

- 글을 열며 ··· 4

- 내가 꿈꾸는 학교는······ ··· 10

1부 두 얼굴의 아이들 마음 헤아리기 15

- 첫 만남 그리고 설렘, 학부모총회 ································ 16
- 급훈, 학급운영의 푯대 ·· 18
- 내가 아이의 이름을 불러 주었을 때, 그 아이는 꽃이 되었다 ········ 21
- 학교자치, 학생자치는 학급자치에서 ··························· 24
- 권리와 의무의 양면성 – 학생인권조례 ······················· 28
- 나는 꼰대일까? – 교사의 잔소리 ································ 32
- 자식과 학생 사이 ··· 35
- 내 아이만 소중하십니까? ··· 38
- 핸드폰, 헤어날 수 없는 갈등의 블랙홀 ······················ 40
- 사각거리는 연필 소리에 담긴 슬픈 이야기 – 버리는 학생과 줍는 선생님 ··· 44
- 무례한 아이들을 위한 슬기로운 학교생활 ················· 48
- 에어컨 별곡(別曲) ·· 52
- 학교폭력에 대처하는 우리의 자세 ······························ 54

- 창살 너머로 나는 절망과 희망의 두 얼굴을 보았다 ········· 60
- 학교를 떠나는 아이들, 학교 밖 청소년 ················· 63
- 미련 ··· 67
- 습관의 중요성 – 공수인사 배꼽인사 ···················· 70
- 선생님은 빗자루를 들 터이니 너는 걸레를 밀어라 ········· 72
- 불치하문(不恥下問) – 소통의 기술 ····················· 76
- 집으로 가는 길, 가출 소년 귀가기 ····················· 79

2부 슬기로운 학교생활 85

- 아프니까 청춘이다? 아니, 꿈이 있어야 청춘이다 ········· 86
- 들꽃도 꽃이다 ································· 88
- 노는 법을 가르치자 ····························· 90
- 잠자는 아이들 ································· 92
- 질문이 있는 교실 ······························· 94
- 눈높이를 낮추면 비로소 보이는 것들 ················· 98
- 나무가 아닌 숲을 보라 ··························· 100
- 시험 끝, 스트레스 시작 ··························· 103
- 국어 수업에 대한 단상 – I Have A Dream ············· 106
- 또 한 번의 입시전쟁, 수시를 마치고 ················· 108
- 가라! 줄 세우기 – 행복은 성적순이 아니잖아요 ········· 109
- 의대 지상주의 시대 ····························· 112
- 온정과 공정의 딜레마 ··························· 115

- 스카이캐슬 – 학생부종합전형의 일그러진 자화상 ·········· 118
- 학교생활기록부, 그 풀리지 않는 고민의 실타래 ············ 122
- 학교생활기록부, 이렇게 써 보자~! ···························· 126
- 자기소개서, 전설(傳說)이 되다 ································ 132
- 들꽃도 아름다울 수 있다 ·· 134
- 호모 아키비스트(Homo-archivist), 기록의 힘 ················ 138
- 신나는 도서관 활용기 ·· 140
- 즐겁고 유익한 동아리 활동 백서 ······························ 143
- 꿈과 흥(興)의 비빔밥, 수학여행을 위한 제언 ················ 148

3부 나는 대한민국 선생님이다 151

- 교직을 꿈꾸는 이들에게 ·· 152
- 스승의 날 단상 ·· 155
- 교사, 고민 저장소 ·· 157
- 교육의 질은 교사의 질을 넘을 수 없다 ······················ 158
- '통(通)하라' – 교사와 교사 사이 ······························ 160
- 부끄러운 고백, 교육적 체벌 ···································· 164
- 환골탈태 교직원 회의 ·· 168
- 김영란법, 누구를 위한 법인가? ································ 170
- 교사의 본업은 가르침인가? 공문처리인가? ·················· 175
- 우리에게 가르침의 자유와 권리를 허하라~! ················ 177
- 아프니까 선생이다 ·· 179

- 존중과 조화, 내가 꿈꾸는 학교 ·· 181
- 교사복지를 생각하는 시간 ·· 183
- 교원능력개발평가, 뭘 평가하라는 거야? ························· 186
- 교권 상실 시대, 이 땅의 진정한 교권을 위하여 ·············· 189
- 정년퇴임, 신명나는 환장 놀이판을 위하여 ····················· 193
- 나의 길을 가려는 제자들에게 ·· 195
- 팽목에서 ·· 197
- 세상 모든 선생님들께 고(告)함 ······································ 198

- 에필로그/글을 마치며 ·· 200

| 프롤로그 |

내가 꿈꾸는 학교는……

　사람을 가르치고 길러내는 선생님이라는 직업은 참으로 힘든 직업인 것 같다. 학생들에게 지식을 전수해 주는 것뿐만 아니라 개인적인 관계도 필요하고, 서로 대화도 필요하고 가치관을 가르치는 일도 필요하기 때문이다. 교사는 특히 학생을 지식적으로 가르치는 것뿐 아니라 인격적으로 학생들을 대해야 하는 일도 있기 때문에 더 그러할 것이다.
　더욱이 우리나라처럼 학급당 인원수가 너무 많은 교육 현실에서 선생님이 학생 개개인에게 신경을 써주고 개인적인 대화를 나누는 일은 정말로 어려운 일일지도 모른다. 교단 경험이 일천하기는 하지만 그래도 항상 교단에 서기 전에 스스로에게 "좋은 선생님란 무엇일까?"라는 고민을 하고 기도도 하지만 정말 쉽지 않은 일 같다는 생각이 들곤 한다.

　내가 교직에 뜻을 두게 된 것은 고등학교 시절로 거슬러 올라간다. 당시 내가 다니던 고등학교에는 이 지역에서 상당히 유명세를 타고 계셨던 국사 선생님(함자가 양.한.택 선생님이시다)이 계셨다. 지금은 작고하셨지만 내가 중·고등학교 시절을 떠올릴 때면 가장 먼저 생각나고 지금도 마음속으로 존경해 마지않으며 나의 교직 생활의 사표로 삼고 있는 분이시기도 하다.

그분은 향토사학자이자 서예가로 명망이 높으신 데다 들리는 소문에 의하면 모 대학에서 사학과 교수님으로 모셔 가려고 했으나 본인은 교육현장에 남아서 학생들을 가르치겠노라며 극구 고사하셨다고 한다. 한마디로 선비 같은 분이셨다.

벌써 삼십 년 가까운 시간이 흘렀지만 지금도 첫 수업 때의 말씀이 생생하게 귓가에 떠오른다. 선생님께서는 "국사라는 과목은 단순히 대학 입시를 위해서 공부하는 과목이 아니다. 바로 너희들의 뿌리요, 우리의 정신인 것이다. 나는 너희들에게 왕조 연대표를 외거나 시대사를 암기하는 것이 아니라 정녕 너희들의 뿌리가 어떤 것인가를 알게 해주고 싶다."

길지 않은 말씀이셨지만 열일곱 어린 나에게는 무언의 충격으로 다가왔다. 속으로 '아, 이것이 선생님의 참모습이구나!'라고 생각하면서 그 후로 교직에 대한 관심을 가지게 되었다. 선생님과의 만남이 내 인생의 커다란 변환점이 되었던 것이다.

선생님께 배웠던 시간은 2년 남짓이었지만 그분께 너무나도 많은 것을 배운 것 같다. 선생님은 수업 시간에 우리 역사의 이면에 숨겨진 여러 가지 이야기를 해주시면서 다양한 시각과 역사를 바라보는 관점을 길러 주셨고, E.H.Carr의 사관을 접하게 해 주셨고, 또 서예를 가르쳐 주시기도 했다.

그러나 아쉽게도 선생님께서는 내가 졸업을 하기 전에 정년퇴임을 하셨고 퇴임 전 손수 〈經國有才改百鍊〉이란 글귀를 적어주시며 학업에 정진할 것을 당부하셨다. 그 글귀는 지금도 내 서재에 단정하게 표구되어 흐트러지는 내 마음을 잡아주는 좌우명이 되고 있다. 지금와 생각건대 그분께 배운 것은 수업이 아니라 삶이었던 듯싶다. 또한 그런 분에게서 배울 수 있었던 것이 내게는 너무나도 큰 행운이었음은 두말할 나위가 없다.

처음 교단에 서던 날의 그 설렘을 지금도 기억한다. 그리고 자칫 나태해지고 타성에 젖어갈 때마다 항상 과연 내가 그들에게 떳떳하게 나설 수 있을 만큼 최선을 다했던가? 그들이 나를 찾을 때 자신만만하게 나설 수 있을 만큼 내가 교사로서의 역할을 충실히 하였는가? 그리고 지금 나의 제자들이 10년 후에 나를 찾았을 때, 나는 얼마나 자신 있게 그들을 만날 수 있을 것인가를 자문하며 끊임없이 나를 담금질한다.

근자에 들어 선생님이라는 직업으로 살아가기란 사회 속의 시선들이 그리 곱지만은 않지만, 아직도 학교 안에서의 생활은 보람과 긍지를 가질 만하다. 한 시간 힘들게 수업하고 돌아설 때의 그 기분은 선생님으로서의 인생을 살아보지 않은 이들은 아마도 느끼지 못할 기분

일 것이다. 아이들의 눈동자가 반짝일 때 선생님의 발걸음은 힘이 나고, 아이들의 자신 없어 하는 눈동자는 선생님을 지치고 힘들게 한다.

선생님으로서 어려운 점 또 하나… 선생님 본연의 업무는 학생들의 인성 지도와 함께 수업이라고 생각한다. 하지만, 그에 못지않게 많은 잡무들… 선생님으로서의 하루 학교생활을 정리해 본다면 아마도 반의 업무와 반의 학생지도가 아닐까? 하루빨리 학생들의 학업과 인성을 위해서 더 전념할 수 있는 여건이 주어졌으면 하는 것이 선생님으로서 나의 가장 큰 바람이다.

나에게 그러한 시간이 주어진다면… 나는 교실에 갇힌 수업에서 탈피해서 나의 학생들을 데리고 삶을 논하고 싶다. '유홍준의 문화유산 답사기'나 김용택의 '섬진강', 황석영의 '장길산' 같은 책들을 끼고 등나무 아래의 벤치에 둘러앉아 우리나라의 문화유산에 대해서 논하고, 우리 국토의 아름다움을 이야기하고, 먼 훗날 우리들의 모습에 대해서 논하고, 앞으로의 우리나라의 장래에 대해서 논하며, 가정에서의 어려운 점들을 서로 의논하며 사제지간을 떠난 인간 대 인간으로서 가슴이 따뜻한 사람을 키워내고 싶다. 또한 가르치는 것만이 전부가 아닌 가르치기 위한 부단한 자기 계발과 연구를 통해 한 시간 한 시간의 수업이 진정 학생들의 삶에 훌륭한 토양이 될 수 있었으면 하는 바람이다.

또한 내가 고등학교 시절 은사님께 배웠던 그 모든 것들을 내 사랑하는 아이들을 위해 베풀어 주는 '아낌없이 주는 나무'가 되고 싶다.

사제 간의 정이 메말라 가고 각박해져 간다고는 하지만 우리 선생님들이 교단에 대한 긍지와 학생들에 대한 헌신적인 사랑이 있는 한 우리 교육은, 우리나라의 미래는 지금보다 더 찬란하게 빛나리라 확신한다. 내게 주어진 시간이 허락하는 한 여러 선배 선생들께 많은 가르침을 받고, 동료, 후배 선생님들과 더불어 항상 최선을 다하는 선생님의 삶을 살아가고 싶다.

그리고 학생들을 지도함에 있어 순간의 달콤함이 아닌 진정 아이들의 장래를 염려하는 그러한 선생님으로 남고 싶다.

1부 두 얼굴의 아이들 마음 헤아리기

| 첫 만남 그리고 설렘, 학부모총회 |

　학년 초가 되면 선생님들이 가장 신경쓰는 학교 일정 중 하나가 학부모총회이다. 학부모님들에게 1년 동안 학교운영과 담임선생님, 최근 입시 동향 등을 소개하는 자리이자 담임선생님들에게는 학부모와의 첫 대면이기 때문에 익숙하면서도 항상 낯설고 긴장이 되는 시간이기도 하다. 특히나 초임 선생님들의 경우는 얼마나 긴장을 하고 있는지 갓 자대배치를 받아 바짝 군기가 들어 있는 신병처럼 눈에 띌 정도로 긴장하는 기색이 역력하다. 교직경력이 꽤 되는 나도 긴장이 되는데 첫 담임을 맡은 후배 선생님들의 긴장감과 부담감은 말해 무엇 하겠는가? 그래서 썰렁한 아재 개그라도 해가면서 후배 선생님들의 긴장을 풀어주려고 하지만 마음대로 되지 않는다.

　물론 학부모와 첫 대면이라는 의미는 남다를 수밖에 없다. 하지만 그런 것들을 너무 의식하다 보면 본의와 달리 과도하게 학부모들에게 잘 보이거나 좋은 인상을 심어주려고 하는 다소 꾸며지고 포장된 모습을 보이기도 하는데 오히려 역효과를 내는 때도 없지 않은 것 같다.
　첫인상을 어떻게 심어주느냐도 담임선생님에 대한 학부모의 신뢰를 얻는 좋은 방법이기는 하지만, 의도된 모습보다는 진솔하게 담임교사로서의 포부와 학급 경영에 대한 소신을 밝히고 학부모들의 협조를 바라는 것이 더 낫지 않을까 생각하곤 한다.

특히나 학부모들에게 담임선생님의 첫인사, 첫마디는 무척이나 중요하다. 학부모들은 이 첫인상과 첫마디에서 자의적인 판단이지만 담임선생님에 대한 판단과 기대를 하게 마련이다. 더구나 요즘은 거의 한 자녀 가정이 많은 탓에 내 아이가 한 번이라도 더 담임선생님의 눈길과 손길을 받기를 은연중에 바라고 있고, 혹시나 모를 차별대우나 편애, 부정적인 선입견으로 인한 불이익을 당하지나 않을까 신경이 곤두서 있고, 또 당연히 가질 수밖에 없는 불안감이기도 하다. 그래서 나는 거의 해마다 학부모님들과의 첫인사에 이렇게 말한다.

"귀한 아이들을 저에게 맡겨 주셔서 감사합니다. 그리고 이 자리에서 학부모님들께 말씀드립니다. 댁에서는 각자 눈에 넣어도 안 아플 예쁜 아이들이겠지만 제 앞에서 모든 아이들은 평등합니다. 공부를 잘하고 못하고, 말썽을 부리고 안 부리고를 떠나서 제 반의 모든 아이들이 차별받지 않고 생활할 수 있도록 최선을 다하겠습니다. 잘할 때는 아낌없는 칭찬을, 잘 못 할 때는 엄한 꾸지람을 하겠습니다. 학교를 믿고, 담임인 저를 믿고 맡겨 주십시오."

당당하고 진솔한 교사, 책임감 있는 교사, 학부모에게 신뢰를 줄 수 있는 교사는 다름 아닌 선생님 스스로가 자신에 대한 자기 긍정적 사고방식을 가지고 자신의 말이 가지는 무게를 감당할 수 있어야 만들어진다.

 자, 이제부터 눈에 힘주고, 허리 꼿꼿하게 세우고, 당당한 목소리로 이렇게 말해보자.
 "아버님, 어머님들. 전적으로 저를 믿고 따르셔야 합니다."

| 급훈, 학급운영의 푯대 |

 ○○님이 보고 계셔.
 이해 쑥쑥
 수시로 확인하고 정시에 들어가자.
 오늘 흘린 침은 내일 흘릴 눈물
 대학 가서 미팅할래, 공장 가서 미싱할래?
 지금 성적, 미래의 월급
 네 성적에 잠이 오냐?

 위 문장들의 공통점은 무엇일까? 아마도 눈치 빠른 분들은 이미 눈치채셨겠지만 교실에 걸려있는 급훈들이다. 촌철살인의 위트와 유머도 있지만 한편으로는 입시에 매몰된 우리의 현실을 적나라하게 드러내는 것 같아 약간은 씁쓸하기도 하다.

해마다 학급을 맡게 되면 학급 아이들 파악하는 것만큼이나 신경이 많이 쓰이는 것이 '급훈 정하기'이다. 예전처럼 한자성어나 고전 명구를 사용하는 경우는 이제 거의 없고 재기발랄한 학생들의 특성을 잘 드러내는 다소 유치할 수도 있지만 위트 넘치는 급훈들이 제법 많은 것 같다. 시대의 유행 풍조를 따른다고는 하지만 '대학 가서 미팅할래? 공장 가서 미싱할래?'처럼 직업 비하적인 의미가 담겨 있거나 희화화된 급훈은 당장 보기에는 빵하고 웃음을 터뜨릴 수는 있겠으나 장기간에 걸쳐 교실 상단 중앙에 액자에 걸어 두고 볼만한 것은 아니라는 생각이 든다.

급훈은 학급지도의 기본 설계를 함축적으로 드러낸 것이고 동시에 학급운영의 나침반과도 같은 의미를 지닌다. 또한 담임교사나 학급 구성원들의 학급운영에 대한 협의의 산물이자 담임교사의 학급경영 철학이 담겨 있기도 하다.

그렇기 때문에 급훈을 정하는 과정을 통해 학생들에게 민주적 절차와 협의의 필요성을 몸소 체득하게 하고 학급경영에 작은 부분이라도 직접 참여해 보는 기회를 제공해 줌으로써 구성원으로서의 소속감과 자신도 학급 일에 기여할 수 있는 부분이 있다는 자존감을 북돋워 주는 좋은 계기가 되면 더 좋지 않을까 생각한다. 그러면서도 재미있기까지 하다면 금상첨화일 것이다.

나도 예전에는 거창하게 '상선약수(上善若水)', '호시우보(虎視牛步)', '천주(穿珠)' 등의 고사성어나 고전 명구를 따서 그럴싸하게 짓곤 했는데 지나고 나서 생각해 보니 담임교사의 일방적인 지도방침을 학생들에게 게시한 것 이상도 이하도 아니었다. 그러면서 아이들한테 미안하다는 생각과 '과연 아이들은 급훈에 담긴 담임선생님의 마음을 조금이라도 알았을까?'라는 의문이 불현듯 들었다.

그래서 교실에서 작은 먹거리 쿠폰이나 문화상품권 등을 걸고 급훈 콘테스트도 해봤지만, 앞에서 말했던 것처럼 너무 재미 위주로만 급훈을 정하려는 경향이 커서 고민도 많이 했었다.

결국 아이들이 제안한 급훈에 대해 담임선생님의 의견을 솔직하게 전달하고 '담임선생님이 올 한 해 우리 학급을 이렇게 운영해 가려는데 간결하면서도 너희들도 공감할 수 있는 좋은 급훈은 없을까?'라고 허심탄회하게 이야기하면서 고민한 끝에 정한 급훈이 "늘"이었다.

"늘" 항상 일관된 모습, 한결같은 모습으로 학교생활도 학업도 했으면 좋겠다는 뜻을 담고 있는데, 살다 보면 이렇게 한결같은 삶의 태도를 유지하기가 생각보다 어려웠다. 그래서 거창하지는 않지만 아이들과 내가 공감하고 공유할 수 있는 급훈을 만들었고 그런 점에서 뿌듯하기도 했다.

급훈.

이제는 담임교사의 일방적 교육방침과 철학만을 담아내는 것이 아닌 학급구성원인 학생과 교사가 합심하여 학급을 운영해 가는 기본

방침이자 이정표가 될 수 있어야 할 것이다. 그것이 아이들이 성장해 가는 과정에서 스스로 삶의 목표를 정하고 그것을 이루기 위해 자기 주도적으로 노력할 수 있는 기본 바탕을 기르는 좋은 성장 경험이 될 것이다.

| 내가 아이의 이름을 불러 주었을 때, 그 아이는 꽃이 되었다 |

내가 지금까지 교직 생활을 하면서 지키려고 노력하는 일이 몇 가지 있는데 그중 하나가 '아이들의 이름을 불러 주는 것'이다. 특별한 이유가 있어서라기보다는 그냥 그렇게 하는 것이 아이들에 대한 소소하지만 작은 배려라는 생각 때문이다. 그리고 나의 학창시절의 조금은 아프고 서러웠던 기억이 마음 한 켠에 상처이자 숙제처럼 자리 잡고 있기 때문이기도 하다.

나의 고등학교 시절, 한 학년 학생 수가 800명을 웃돌던 그 시절. 동창생들이 너무 많다 보니 이름과 얼굴을 잘 모르는 경우가 허다했고, 선생님들도 학생 이름 외우고 부르기가 무척이나 어려웠던 것 같다. 그냥 아이들을 향해 "OOO야." 대신 "야!", "야 임마.", "야 이놈아." 등등의 다양한 호칭들로 우리는 선생님들께 불렸다.

십 대의 어린 나이였지만 선생님들이 부르시는 그런 호칭들이 싫었다. 내 딴에는 부모님께서 심사숙고하셔서 자식의 앞길이 잘 풀리라고 지어주신 소중한 이름인데 그냥 이놈 저놈 하고 불린다는 것이 썩 내키지는 않았다.

그러던 어느 날 교무실 앞을 지나가고 있던 나에게 모 선생님께서 예의 그 호칭으로 부르셨다.
"야 XX야. 너 일루 좀 와 봐."
"네?"
"아 이 XX가 귀가 먹었나. 이리로 와 보라고."
선생님께 다가간 나는 정중하게 말씀드렸다.
"선생님, 제 이름은 차재형입니다. 앞으로는 이름을 불러 주시면 감사하겠습니다."
말이 끝나기 무섭게 나에게 다가온 것은 무지막지한 선생님의 따귀 세례였다. '어린 놈이 건방지다', '너네 집구석에서 그따위로 배워 먹었냐', '싸가지 없는 XX'라고 해 가면서 얼굴을 붉히시고 고래고래 소리를 지르시는 거였다.

다행히 지나가시던 담임선생님 덕분에 더 시끄러워지지는 않았지만 나에게는 너무나 큰 충격이었다. 그냥 이름 하나 불러 달라고 말했을 뿐인데 따귀를 얻어맞은 정도로 잘못을 했나 하는 생각에 억울하기까지 했다. 그때도 이미 선생님이 되겠다는 생각을 하고 있었던지라 마음속으로 나 자신에게 이렇게 다짐을 했다. '내가 선생님이 되면 아이들 이름만큼은 꼭 불러줘야겠다.'라고.

 그래서 교직에 들어온 이후 담임을 맡든지 안 맡든지 간에 내가 수업을 들어가는 학년, 학급의 경우 아무리 늑장을 부려도 2주 안에 아이들 이름과 얼굴을 모두 외었다. 물론 나의 학창시절에 비해서 학생 수가 현격히 줄어들기는 했지만 이삼백 명이 넘는 아이들 이름을 하나하나 기억한다는 것은 쉬운 일은 아니었다. 하지만 숙제하는 기분으로 학창시절 느꼈던 그 마음으로 해마다 학년 초가 되면 똑같은 일을 되풀이하고 있다.

 아이의 이름을 불러 준다는 것. 별거 아닌 것 같지만 아이들의 입장에서 본다면 선생님이 자신의 이름과 얼굴을 알고 불러 준다는 것은 큰 의미가 될 수 있다. 자신은 공부도 별로고, 있는 듯 없는 듯 조용히 지내는 학생인데 선생님이 꼬박꼬박 이름을 불러 준다고 생각해 보라.

 아이의 입장에서는 '아, 나도 선생님께 관심을 받고 있구나.'란 생각에 좋아할 수도 있고, 또 긍정적인 변화를 이끌어 낼 수도 있다. 그리고 수업 시간에도 으레 번호를 부르거나 앉은 자리를 가리켜서 지목하는 것보다 이름을 불러 주었을 때 그 아이의 수업집중도 더 좋아지는 것을 경험했다. 아이의 입장에서 이름을 불린다는 것은 자신의 존재에 대한 자존감 상승뿐만 아니라 관심받고 있다는 것과 사랑받고 있다는 것을 느낄 수 있을 것이다.

김춘수 시인의 시 "꽃"의 구절 '내가 너의 이름을 불러 주었을 때 너는 내게로 와서 꽃이 되었다.'처럼 내가, 우리 선생님들이 아이들의 이름을 불러 줄 때 아이들은 자신이 꽃처럼 소중한 존재라는 것을 깨닫게 될 것이고, 선생님과의 사이에 놓인 보이지 않는 벽을 허물 수 있는 작지만 큰 울림이 될 것이라고 생각한다.

오늘도 교실 문을 열고 들어가시는 선생님들께 조금 수고스러울 수 있겠지만 아이들의 이름을 불러 주시는 건 어떨까 권해 본다.

학교자치, 학생자치는 학급자치에서

큰아이가 중3 때였다. 하루는 하교 후에 책상 앞에서 서류 같은 것을 붙들고 낑낑대고 있는 모습을 보았다. 학교과제 하느라 그러려니 했는데 본의 아니게 친구들과 통화하는 내용을 들어보니 수행평가나 다른 과제가 아니라 교육청에서 공모한 '학생자치예산제도' 신청에 관한 내용이었다.

얼마 전에 아이에게 교육청에서 학생 자치활동 활성화를 위해 '학생자치예산제도'라는 것을 시작했는데 어떤 주제로 공모하면 좋으냐는 질문을 받았지만 흘려들었다. 그런데 며칠이 지난 지금까지도 그 문제를 놓고 씨름을 하고 있는 것이었다. 그래서 아이에게 학교에서 자치활동 관련해서 무엇을 하느냐고 물어보았더니 의외로 학급회의는 기본에다 학생회 전체 회의도 활발하게 진행하고 학교에 건의해서 E-스포츠 대회, 학교 축제 기간 바자회 운영 등 생각보다 학생 자치활동이 활발해서 깜짝 놀랐다.

나중에 들으니 교육청 공모에 당첨이 돼서 기백 만 원 대의 거액을 지원받아서 다양한 학생회 활동을 위해 사용했다고 한다. 아직 철부지라고만 생각했지만 생각 머리, 마음 크기는 나의 예상을 훨씬 웃자라 있었다.

그러면서 우리 학교의 현실과 자연스럽게 비교가 되었다. 우리 학교를 비롯한 대부분의 고등학교들이 크게 다르지는 않을 것 같은데 주 1회 정도 설정되어 있는 자율활동시간을 학급회의를 비롯한 다양한 활동으로 채우고 있는데 실제로는 자습시간이나 다른 용도로 전용되는 경우도 많다.

그래서 학생들이 학교생활에서 느끼는 애로사항을 학교에 전달할 수 있는 기회를 스스로 포기하거나 박탈당하는 경우가 많고, 자연스럽게 학생회 활동도 저조한 편이다. 학생회 활동이 저조하다 보니 학생회에 대한 학생들의 관심도도 낮을뿐더러, 본인들이 직면하고 있는 학교 내의 문제 상황이나 애로사항 등을 불편함을 감내하면서도 드러내지 않는 경우도 많은 편이다. 그리고 선생님들마다 약간의 차이는 있겠지만 학급회의 운영에 대해서는 그리 신경들을 많이 쓰지 않고 있다.

나는 학생도 어엿한 학교공동체의 주체이고 학생들의 활발한 의견 개진이 보장되어야 학교문화도 성숙하고 발전한다고 생각한다. 나이가 어리다는 이유로, 아직 배우는 과정이라는 이유로 그들의 의견을 묵살하거나 무시해서는 안 된다고 생각한다. 학생들 자신의 삶과 배움 터전인 학교에서 자신들의 의견을 정당하게 주장하고 토의와 토론을 통해 최선의 해결책을 찾아가는 것 또한 인생살이의 중요한 배움이라고 생각한다. 그러기 위해서는 학급에서부터 현실의 불편하고 부당한 일들에 대해 스스럼없이 의견을 제시하고 토의와 토론을 하는 문화를 만들 수 있도록 조력을 아끼지 않아야 한다.

그래서 나는 담임을 할 때 월 2회 이상은 반드시 학급회의를 하도록 권유를 했고, 담임선생님이나 학교에 건의할 내용에 대해서 사전에 개인 의견을 제시하고 그것에 대해 학급구성원들이 자유롭게 토의, 토론해 보는 시간을 가지도록 했고, 충분한 시간을 두고 논의하여 대다수 학급구성원들을 만족시킬 수 있는 결론을 도출해 내도록 하였다. 그리고 그 자리에는 절대 참관을 하지 않고 자유로운 분위기 속에서 회의가 진행될 수 있도록 배려하였다.

학급회의 주제라고 해서 거창한 내용들로 가득 채운 것은 절대 아니다. 학급운영에 가장 기본적인 학급규칙을 스스로 제정하도록 했고, 그 과정에서 학급구성원들의 의견을 골고루 들어보고 가장 타당하다고 느끼는, 그리고 가장 합리적이라는 평가를 얻은 내용들로 학급규칙을 만들어 가면서 민주적인 절차와 대화의 중요성을 학생들이 스스로 깨달을 수 있도록 하였다. 그 외에도 자리 뽑기나 청소구역 배정, 학급업무 책임분장 등을 학급구성원들의 의견을 충분히 반영하여 자율적으로 운영하였고, 그 과정에서 소수자나 약자에 대한 배려심을 자연스럽게 기를 수 있도록 하였다. 또한 본인이 선택하고 결정한 내용에 대해서는 끝까지 책임을 지도록 하였고, 무엇보다 학급구성원 모두가 협심하고 협력해야 즐거운 학급을 만들 수 있음을 시간 나는 대로 강조했다.

물론 실천하는 과정에서 생각보다 더딘 진행 과정에 답답함을 느끼기도 했고, 시행착오도 있었지만 조바심내지 않고 기다려 주고 격려해주다 보니 내가 의도했던 학생 중심의 학급자치 문화를 조금씩 조금씩 만들어 갈 수 있었다는 점에서 큰 보람을 느꼈고, 그러한 시도는 지금도 진행형이다.

학교자치는 학생자치에서 비롯되고, 학생자치는 학급자치에서 비롯된다. 학교의 주인이 자신들임을 학생들 스스로가 인식하고 학교 일에 적극적으로 참여하게 함으로써 학교문화는 더욱더 발전하고 성숙할 수 있을 것이다. 그러기 위해서는 학생들 스스로 자율적이면서 민주적인 절차를 학급 내 또래 집단 속에서 배울 수 있도록 조력해

주어야 하며, 학생들의 의견 하나하나에도 귀 기울여 주는 태도도 반드시 필요하다.

권리와 의무의 양면성 - 학생인권조례

2011년 10월 5일을 기해 광주광역시교육청에서는 학생인권조례를 전면 시행하였다. 그리고 2019년 현재. 과거와는 비교할 수 없을 정도로 학교현장은 많은 변화를 겪었고, 학생들의 인권의식도 성장했으며, 많은 부분에서 좋은 쪽으로 개선되어 가고 있다.

과거 1980, 90년대 학창시절을 보낸 세대들에게 '학생 인권'이란 단어는 너무나 생소하고 낯선 단어일 것이다. 그 시절에는 공고한 가부장제 사회의 그늘 속에서 교육을 빙자한 체벌과 폭언이 공공연하게 행해지고 있었고, 어찌 보면 피해자인 학생들도 그러한 상황을 당연하게 받아들이고 있었기 때문에 학생이 존중받을 권리에 대한 기본적인 인식마저도 전무한 상황이었다. 그리고 오랜 시간이 지나도록 학생들은 학교현장에서는 교육의 수혜자이자 당사자인 동시에 사육을 당하는 존재들이었고, 선생님들마저도 교육이라는 목표 안에서 행해지는 폭력과 폭언들이 학생의 인권을 유린하는 행위라는 사실을 생각지도 못하던 시절이었다.

그 후 사회가 발전하고 민주화가 진행되는 과정에서 자연스럽게 인권문제가 대두되기 시작했지만 여전히 학교는 인권의 사각지대에 머물러 있었고, 그 틀을 깨려는 움직임은 2000년대에 이르러서야 조금씩 나타나기 시작했다. 하지만 누구도 해 본 적이 없고 경험하지도 못한 까닭에 처음 학생인권조례가 의결되고 시범운영 기간을 거치는 과정에서 교육현장에서는 기대 반, 우려 반의 시각이 팽팽하게 대립했었고, 사회적으로도 초미의 관심사가 되었다.

이렇게 많은 우여곡절을 겪은 끝에 등장한 학생인권조례는 「대한민국헌법」과 「교육기본법」 제12조 및 제13조, 「초·중등교육법」 제18조의4, 「유엔 아동권리협약(UN Convention on the Rights of the Child)」에 근거해 모든 학생이 인간으로서의 존엄과 가치를 실현할 수 있게 하는 것을 목적으로 차별받지 않을 권리, 폭력 및 위험으로부터의 자유, 교육에 관한 권리, 사생활의 비밀과 자유 및 정보의 권리, 양심과 종교의 자유 및 표현의 자유, 자치 및 참여의 권리, 복지에 관한 권리, 징계 등 절차에서의 권리, 권리침해로부터 보호받을 권리, 소수자 학생의 권리 보장 등으로 구성되어 있다.

학생인권조례가 시행되면서 학교현장에서는 물리적 체벌이나 언어폭력이 전면 금지되었고, 기존에 유명무실한 존재였던 학생회의 역할과 비중이 커졌으며, 인터넷이나 SNS를 기반으로 학생들의 다양한 요구가 봇물 터진 것처럼 넘쳐났다. 그리고 지역 교육청별로 학교 급별 학생의회를 만들어서 학생들의 의견을 교육정책에 반영한다거나, 학생참여예산 제도를 도입하여 학생들이 교육예산사용계획을 세우고 집행해 보게 하거나, 학교의 교칙이나 생활규칙을 획기적으로 바꾸는 등 가시적인 변화가 급격하게 이루어졌다. 거기다 과거에는 반강제적으로 행해지던 야간 자기 주도적 학습이나 방과후학교 수업이 교육수요자인 학생들의 의견을 적극 반영하여 자율적 선택권을 대폭 강화하였고, 학업 위주의 교육과정에서 학생들의 다양한 희망진로와 요구를 반영한 다양한 교육프로그램들을 구안하여 시행하고 있다.

하지만 학생인권조례의 시행과정에서 다소 아쉬운 것은 일정 기간 이상의 과도기적인 시범운영을 통해 장단점을 파악하고 학교 구성원 전체의 요구를 수용할 수 있도록 하는 것이 우선되었어야 하는데, 조례 제정과 공표가 전광석화처럼 이루어지다 보니 생각지도 않은 곳에서 약간의 문제점들이 드러나게 되었다.

그중 가장 큰 문제 중 하나가 학생생활지도의 어려움이 대폭 증가했다는 것이다. 과거에는 교복 착용이나, 두발 등에 대해 학교별로 교칙을 정해 일정 부분 통제를 하기도 했는데 학생인권조례 시행 후에는 이를 전면적으로 폐지하는 학교가 많아졌다. 그러다 보니 등교 시간에 등교 지도를 하는 선생님과 학생 사이의 실랑이를 보는 것은 드물지 않은 일상사가 되어 버렸다. 또한 교실에서도 수업 방해를 하는 학생을 지도하려고 하면 오히려 학생인권조례를 들먹이며 선생님의 지도에 반항하거나 폭언을 내뱉기도 하고 심한 경우 선생님을 폭행하는 경악스러운 일들도 일어나곤 한다. 이런 상황이다 보니 선생님들 사이에서도 학생생활지도의 필요성에 대해 회의감을 가지게 되고, 나중에는 학생지도 자체를 꺼리는 분위기나 풍조마저 생겨나고 있는 실정이다. 학생들의 잘못된 행동을 바로잡아 주기 위해 지도하는 것을 무조건 학생의 인권을 침해했다며 신고하겠다느니, 교육청에 민원을 제기하겠다느니 하는데 어떤 선생님이 그런 위험을 무릅쓰고 학생지도를 하려고 할 것인가 말이다.

거기다 학교 안에서 충분히 해결할 수 있는 사소한 일들도 교육청에 민원을 넣는 사례가 많아지면서 학생지도와 수업 연구에 쓸 시간도 아까운 판국에 교육청으로부터 내려온 학생이나 학부모의 민원을 해결하는 데 상당한 시간과 에너지를 써야 하는 웃지 못할 상황도 생겨난다. 학생들의 인간으로서의 기본적인 권리를 보장해주고자 시행한 학생인권조례가 거꾸로 학교현장에서의 학생지도를 못 하게 만드는 아이러니한 상황이 벌어진 것이다.

그렇다면 왜 이런 부작용들이 생겨나는 것일까? 그것은 아마도 학생인권조례에 대한 학생들의 올바른 인식이 아직도 부족하기 때문이고, 자신들이 존중받을 권리가 있는 만큼 지켜야 할 의무도 있다는 사실을 제대로 알지 못하기 때문인 것 같다. 어찌 보면 학생인권조례 시행으로 인해 발생한 부작용은 상당 부분 기성세대인 어른들에게 있다고도 할 수 있을 것이다. 학생들은 아직 인격적으로 불완전하고 교육을 통해 성장해 가야 할 존재들이기 때문에 권리와 의무에 대해서 명확하게 인지하지 못할 수도 있다. 그러기 때문에 학생인권조례를 시행하기 전에 학생인권조례는 학생들의 인간으로서의 존엄과 가치를 존중하기 위해 만들어진 것이고, 자신들에게 주어진 권리를 누리기 위해서는 자신들이 지켜야 할 의무도 있다는 것을 분명하게 인지시키고 교육시켰어야 한다.

 학생도 학생이기 전에 앞서 하나의 인간으로서 존중받을 권리를 지닌다. 그런 점에서 학생인권조례의 제정과 시행은 시대변화의 조류에 시의적절한 변화라고 할 수 있다. 하지만 부작용에 대한 너무나 긍정적인 전망 때문에 보완대책 없이 시행되다 보니 교육현장에서는 생각지도 못했던 많은 문제점들이 도출될 수밖에 없는 것이다. 따라서 학생과 교사가 상생할 수 있는 학교문화를 만들고 학생인권조례 제정의 취지에 부합하게 만들기 위해서는 권리와 의무에 대한 교육을 강화하고, 학생인권조례 시행으로 인해 발생한 문제점이나 부작용을 보완할 수 있도록 개선이 이루어질 수 있는 제도적인 장치가 갖추어져야 하며, 학생인권조례의 과도한 적용으로 인해 발생하는 교권침해를 방지할 수 있는 제도적 장치도 마련되어야 할 것이다.

나는 꼰대일까? - 교사의 잔소리

 수업 시작종이 울린다. 나는 여느 때처럼 수업할 교재와 자료들을 챙겨서 교무실을 나선다. '오늘 이 한 시간도 아이들을 위해서 열심히 수업해야지'라는 생각으로 교실 문을 여는 순간 나의 바람은 헛되이 무너지고 내 눈에 펼쳐진 교실 안의 풍경은 정말로 가관이 아닐 수 없다.

시작종이 쳤는데도 여전히 책상에 엎드려 자는 아이, 교실 뒤편에서 장난치고 있는 아이, 칠판 가득한 지난 시간 치열했던 수업의 흔적, 교탁 주변에까지 어지럽게 널려 있는 아이들의 책과 참고서, 교실 바닥 여기저기에 널려 있는 종이 쓰레기와 빈 페트병, 과자봉지, 사물함 주변 여기저기 널려 있는 잡다한 물건들. 그뿐인가? 군대처럼 반듯반듯한 오와 열은 바라지 않더라도 어느 정도는 책상 정리가 되어 있어야 함에도 중구난방으로 여기저기 무질서하게 놓여 있는 책걸상은 또 무슨 일일까? 이것이 2019년 현재 고등학교 교실의 부끄러운 자화상이다.

웬만하면 못 본 것처럼 하고 수업을 진행할 수도 있지만 도저히 이건 아니다 싶어 반 아이들 전체를 일으켜 세운다.
"모두 일어나세요. 책걸상 밑이랑 주변에 있는 쓰레기 모두 주워서 쓰레기통에 버려 주세요."
아이들, 굉장히 싫어한다. 대놓고 내색하지는 않지만 못마땅한 기색이 얼굴 표정을 통해 느껴진다. 나도 안다. 이렇게 하는 것이 아이들에게 결코 좋은 소리를 듣지 못한다는 것을 말이다. 하지만 내 생각뿐일지 모르지만 우리 아이들이 하루 중 가장 많은 시간을 보내는 곳이 바로 교실이다. 그러기 때문에 가장 청결한 상태를 유지해야 하는 곳이다. 하지만 우리 아이들은 그런 것에는 신경은 안 쓴다. 왜냐고? 귀찮으니까.

쓰레기를 다 주웠으면 또 아이들에게 말한다.
"이제 책걸상도 반듯하게 정리해 봅니다."
이쯤 되면 아이들이 볼멘소리도 한두 마디씩 터져 나온다.
"아우, 선생님. 이제 그냥 수업하시면 안 돼요?"
"인석들아, 그래도 깨끗하게 치워놓고 수업하니까 좋잖아. 귀찮더라도 조금만 더 도와줘."
그러면 이런 말도 나온다.
"선생님, 은근 꼰대 같아요."
이런 이런… 나는 자기네들 건강에 좋으라고 쓰레기 치우고 책걸상 정리하라고 한 건데 꼰대 같다는 말을 듣다니. 그렇다고 자식 같은 아이들 앞에서 화를 낼 수도 없는 상황인지라 웃으면서 다독거릴 수밖에.
"그래, 니네들이 선생님을 꼰대라고 부를 수도 있겠다. 하지만 니네들한테 좋은 꼰대라면 얼마든지 그렇게 불려도 돼."

결국 작은 소란 끝에 교실은 많이 정돈된 모습으로 바뀌고 드디어 수업을 시작한다. 아이들은 교실 환경을 청결하게 유지하는 것을 대수롭지 않게 생각할지도 모르지만 집단 생활을 하는 학교라는 공간에서 청결 유지는 아이들의 건강을 지키는 첨병과도 같다고 생각한다. 그래서 아이들에게 꼰대 같다는 소리를 들어가면서도 쓰레기를 줍게 하고 책걸상을 정돈시키는 것이다.

교사의 잔소리는 아이들을 간섭하고 통제하는 잔소리가 아니라 아이들의 바른 생활 태도와 인성을 길러 주는 좋은 자양분이라는 생각을 가져야 한다. 아이들에게 좋은 소리만을 들을 수는 없다. 아이들이 귀찮아하고 싫어하는 것일지라도 교육적인 차원에서 필요하다면 교사는 기꺼이 잔소리쟁이가 되어야 한다.

설령 내가 진짜 꼰대인들 어떠한가? 나의 잔소리를 통해 아이들이 스스로 깨달아가고 성장할 수만 있다면 나는 기꺼이 꼰대임을 자처할 것이다.

| 자식과 학생 사이 |

교직 생활이 한 해 두 해 쌓이다 보니 어느새 내 아이와 가르치는 학생들 또래가 같아졌다. 시간이 참 많이 흘렀다는 생각도 들지만, 한편으로는 자식 같은 아이들을 가르치는 데서 오는 부담감은 외려 예전보다 더 커진 것 같다. 더구나 학생이나 학부모들의 요구나 민원

제기도 불과 몇 년 전에 비하면 말도 못 할 정도로 많아지고 다양해진 데다 학부모들의 나이도 나와 비슷한 또래이거나 더 어린 분들도 많이 있는 편이다. 그래서 비슷한 또래고 비슷한 시기에 학창시절을 보낸 사람들이라 더 잘 이해해 주고 이해할 수 있으려니 했는데 나의 큰 오산이었다. 대다수가 그런 것은 아니지만 학부모들도 선생님이 자신들과 비슷한 또래이다 보니 간혹 결례를 범하는 사람들도 없지 않은 실정이다.

그리고 자녀를 많이 낳지 않는 시대여서 자녀들에 대한 관심이 유별날 정도로 각별하다. 물론 긍정적으로 보자면 자녀와 부모 간의 유대가 과거에 비해 더 강해지고 소통이 잘 되지만 한편으로는 부모와 자녀 간의 소통과정에서 자연스럽게 대두되는 학교 이야기로 인해 약간의 오해가 빚어지기도 하고 그 와중에 선생님과 학부모 간의 충돌이 생기기도 한다.

더군다나 과거에 비해 굉장히 허용적인 분위기 속에서 자라다 보니 간혹 선생님에게 무례하게 행동하거나 불손한 언행을 하는 경우도 심심찮게 발생한다. 나는 학생들에게 엄과 정을 분명하게 가리는 편이어서 그런 경우 따끔하게 야단을 치거나 타이르곤 하는데 그때마다 내 아이와 학생들을 비교해 보게 된다.

나는 아이에게 어려서부터 학교에서의 언행에 대해 유별나다 싶을 정도로 철저하게 교육을 시킨 편이다. 항상 아이에게 하는 말이 "너는 부모가 선생이니까 학교에서 선생님들이나 친구들과 주고받는 모든 말과 행동은 특히 조심, 또 조심해야 한다."였다.

 알다시피 똑같은 잘못을 해도 일반 학생과 부모님이 교직계통에 계시는 학생은 다르게 보일 수밖에 없다. 당연히 속으로 '명색이 선생 자식인데 저럴까?'라고 흉 아닌 흉을 보기도 하는 것이다. 그래서 어려서부터 그 점을 늘 주지시키고 강조할 수밖에 없었다. 결국 선생님의 자녀라는 이유로 어려서부터 말과 행동에 많은 제약을 받았고, 그것이 당연한 것처럼 세뇌를 당해 왔던 것이다. 다행히 아이는 커 가면서 아빠의 그런 요구가 분명 속으로는 마땅찮고 스트레스도 상당했을 테지만 내색을 하지 않고 반듯하게 자라줘서 늘 고마울 뿐이다.

 지금 내가 학생들이 잘못했을 때 못 본 척 눈감고 지나치지 않고 야단도 치고 타이르는 것은 아마도 학생들이 내 아이와 같은 또래이기 때문에 더 그러는 것 같다. 물론 학생들이 보았을 때 나의 행동에 대한 호불호는 분명히 갈리겠지만, 그래도 학생의 잘못된 행동을 귀찮다는 이유로 외면하기보다는 고쳐주는 것이 바람직하다고 생각한다. 그리고 그 아이들이 내 자식 같다는 생각을 하면 더더욱 그냥 지나칠 수 없는 것이다. 학생들을 지도하는 과정에서 학생이나 학부모들에게 항의를 받거나 뒷소리를 들을지라도 우리 선생님들은 가르쳐야 할 것은 당당하게 가르쳐야 한다. 어쭙잖은 소리일지 모르지만, 항상 내 자식이라는 생각으로 가르친다면 약간의 잔소리와 쓴소리쯤은 자연스럽게 나오지 않을까? 그리고 그런 쓴소리 속에서 우리 학생들은 좀 더 반듯한 사람으로 성장하지 않을까?

학생들에게 하는 잔소리를 귀찮아하거나 회피하지 말자. 그것이 우리가 선생님인 이유이니까.

내 아이만 소중하십니까?

내가 근무하고 있는 학교는 구도심 주택가 한가운데 자리 잡고 있다. 덕분에 외부의 소음이나 유해환경에 덜 노출되고 주변에 자연 숲이 우거져 있어 학생들의 학습환경으로는 최적의 조건을 갖추고 있다고 자부한다. 그런데 이러한 이점이 있는 반면 큰길 가에서 학교로 오는 길이 굉장히 좁고 구불거려서 등하교 시에 약간의 불편함도 있는 편이다.

그래서 학교에서는 학기 초 학부모 대상 설명회나 학년별 학부모 총회를 할 때 학교 주변의 교통상황에 대해 이야기하고 자녀들의 차량 등교는 가급적 자제해 주시거나 큰길 가에서 내려서 걸어오게 해 달라고 협조를 구한다. 그리고 선생님들이 순번을 정해서 학생들 등교 시간보다 조금 이른 시각에 출근해서 교문에서 등교 지도나 차량 통제를 하고 있다.

대부분의 학부모들이 학교의 협조 요청에 잘 따라 주고 있기는 하지만 간혹 선생님이나 학생 생활 안전부 학생들이 양해를 구하거나 제지를 해도 막무가내로 차량을 밀고 들어오는 경우도 종종 있다. 물론 아파서 거동이 불편하다거나 특별한 사유가 있는 경우에는 충분히 배려를 해 주지만 일부 학부모의 경우 협조 요청을 잘 듣지 않거나 오히려 왜 차를 막느냐며 화를 내는 사람들도 있고, 심지어는 교장실에까지 전화를 해서 불평과 폭언을 서슴지 않는 학부모도 있다. 그러다 보니 선생님들도 나중에는 특별한 사정이 없는 학생들의 차량 등교에도 소 닭 보듯 모른 척하는 씁쓸한 상황이 연출되기도 한다.

  나 역시 등교 지도를 하면서 지도에 잘 따라주지 않는 학부모와 약간의 언쟁도 있어 봤고, 학교로 밀려오는 민원의 주인공이 되어 본 적도 있었다. 물론 대충 눈감아주면 별일 없을 거 아니냐고 말할 사람도 있겠지만, 이것은 교육 차원에서라도 학생들에게 반드시 가르쳐야 하고 안 될 경우에는 계속해서 지도해야 한다고 생각한다.

  나도 자식 키우는 부모 입장에서 내 자식이 귀하고 소중하다는 것은 잘 안다. 그래서 아침 일찍 잠에서 제대로 깨지 못하고 피곤한 일상을 시작하는 아이가 안쓰러워서 부득불 학교 안으로 차를 들이미는 학부모의 심정도 충분히 이해는 할 수 있다. 그리고 그것을 하지 못하게 저지하는 꼰대(?) 같은 선생님에 대한 불만도 이해할 수 있다.

  하지만, 나는 이렇게 생각해 본다. 내 아이가 소중하다면 다른 아이들도 소중하다는 것과 내 아이가 피곤한 만큼 다른 아이들도 피곤

하다는 것, 내 아이를 편하게 등교시켜 주고 싶은 만큼 다른 부모들도 다 그러하다는 것을 역지사지의 관점에서 다시 한 번 생각해 보자고 말이다.

그리고 학부모 자신이 선생님에게 하는 행동을 바라보는 아이는 과연 무슨 생각을 하고, 또 무엇을 배울 수 있을 것인가를 생각해 봤으면 한다. 지극히 사소한 일일 수 있지만 학부모가 학교의 협조에 적극적으로 동참하고, 아침 일찍부터 등교 지도를 하는 선생님들께 조금이나마 우호적인 언행과 협조를 해 준다면, 그러한 것을 보고 배우며 자라는 아이에게도 훌륭한 인생의 교훈이자 가르침이 될 것이라고 생각한다.

오늘 아침 내 아이가 더 걷는 한 걸음이 아이 인생에서 옳고 그름과 해야 할 일과 해서는 안 될 일을 가려내게 해 주고, 제대로 된 심성을 지닌 인격체로 자라나게 할 디딤돌이 될 수 있음을 알았으면 한다.

| 핸드폰, 헤어날 수 없는 갈등의 블랙홀 |

학생과 선생님 사이에 발생하는 갈등 중 가장 많은 것 중 하나가 핸드폰을 인한 갈등일 것이다. 과거와는 달리 핸드폰이 단순한 전화기로서의 기능만 하는 것이 아니라 하나의 또다른 세계나 다름없는,

그래서 몸에서 떼어 놓을 수 없는 필수 불가결한 삶의 일부가 되어버렸고, 스마트폰이 보급된 이후로 핸드폰은 더 이상 전화기가 아닌 세상과 소통하고 자신의 존재감을 드러낼 수 있는 중요 수단으로 자리 잡다 보니 학생과 선생님 간의 갈등도 심화할 수밖에 없는 상황인 것이다. 그리고 갈수록 걱정되는 것은 스마트폰을 너무 과도하게 사용하다 보니 게임중독 못지않게 스마트폰 중독의 문제점과 심각성이 날로 심해지는 것은 물론이거니와 학생들의 일상생활에도 부정적인 영향을 주는 사례도 급증하고 있다는 것이다.

우리 학교의 경우 아침 조례 시간에 핸드폰을 모두 걷어서 보관 가방에 담아 지정된 핸드폰 보관사물함에 넣고 하교 시에 다시 나누어 주고 있다. 물론 급하게 사용할 일이 생기면 담임선생님의 허락을 얻고 한시적으로 사용하게끔 배려도 해 주고 있다. 이런 경우 대개 반별로 핸드폰 수거와 지급을 담당하는 학생을 정해 두는데 간혹 늦게 온다거나 해서 제출을 못 하는 경우도 있지만 상습적으로 제출하지 않는 경우가 있어 문제가 생기기도 한다.

학생들이 핸드폰을 제출하지 않는 이유나 유형은 다양하다. 가장 많은 것이 집에 두고 안 가져왔다는 학생, 공기계를 제출하고 본인 핸드폰은 그대로 사용하는 일명 핸드폰 밑장빼기 학생, 제출 시 유심칩을 빼고 별도로 가져온 공기계에 넣어서 몰래 사용하는 학생, 학교 내 자신이 잘 가는 특정 공간에 은닉해 두는 학생. 핸드폰을 사용하기 위한 학생들의 노력은 정말 눈물겹도록 처절하다.

　최근 들어서는 학생 인권과 관련해서 일괄적으로 핸드폰을 수거해서 보관하는 것이 학생 인권에 대한 침해라는 유권해석도 나오고 있어서 핸드폰 사용과 관련된 학생과 선생님 간 갈등은 점점 더 심해질 것으로 전망되어 심히 우려된다.
　이제 우리는 핸드폰 사용을 두고 학생과 선생님이 해답 없는 대립과 갈등을 하기 보다는 현명하게 양쪽 모두의 주장을 반영할 수 있는 긍정적인 해결책을 찾아야 할 시점에 와 있는 것 같다.
　학생의 입장에서 보면 핸드폰은 자신들의 삶의 일부분과도 같은 존재인데 아침에 걷어가서 집에 갈 때가 되어야 돌려받는다는 것이 불합리하다고 생각할 수 있고, 그런 상황이다 보니 새벽까지 핸드폰을 할 수밖에 없다고 자기합리화를 한다.
　반대로 선생님의 입장에서 보면 핸드폰 사용을 무분별하게 허용해 주었을 경우 학생들의 수업집중도 하락이나 무절제한 사용으로 인한 갈등요소 증가를 비롯한 여러 가지 문제점이 도출될 수 있기 때문에 어느 정도의 통제는 필요하다고 생각한다. 실제로 수업시간에 조는 학생들에게 하교 후에 무엇을 주로 하느냐고 물어보면 거의 대부분이 핸드폰을 하거나 인터넷 웹서핑을 새벽 늦게까지 했다는 이야기를 많이 한다. 즉, 너무 늦은 시각까지의 핸드폰 사용은 분명히 학생들의 수업에 지장을 초래하는 것만큼은 부정할 수 없는 사실이다.

결국 양쪽의 입장은 팽팽하게 평행선을 그릴 수밖에 없는 상황인데, 분명한 것은 학생의 입장에서는 어느 정도 학교 내에서 핸드폰 사용의 자유가 허락되었으면 한다는 것이고, 선생님의 입장은 원활한 학교생활을 위해서는 약간의 제한은 필요하다는 것이다.

학생의 학습권과 수면권, 건강하게 생활할 권리를 보장하기 위해서라도 핸드폰 사용의 제한은 반드시 필요하다. 그리고 학생의 자율적 선택권 보장과 존중도 반드시 필요하다. 그래서 조심스럽게 이런 제안을 해 본다.

첫째, 현행대로 아침 조례 시 핸드폰을 수거해서 보관하되 스마트폰 활용 수업이나 식사시간, 기타 학생의 필요할 때는 담임선생님의 허락을 받고 자유롭게 사용할 수 있도록 한다.

둘째, 과도한 사용을 방지하기 위해서 개인별 핸드폰 사용 내역을 기록해서 일정 시간을 초과할 경우 핸드폰 사용을 제한하는 패널티를 부여하도록 하여 자기조절능력을 기르도록 해야 한다.

셋째 학급자치규약이나 학생생활규칙에 핸드폰 무단사용에 대한 규칙을 추가하여 학급별로 담임선생님의 재량이나 판단에 의해 이루어지던 핸드폰 관리를 일원화하도록 한다.

넷째, 담임선생님이 학생의 교내 핸드폰 사용 내역을 토대로 과도한 사용

> 량을 보이는 학생에게 주의 조치를 하거나, 상담실과 협조하여 스마트폰 중독 관련 검사나 상담활동을 통해 학생 스스로 절제할 수 있는 능력을 기르도록 조력한다.

　핸드폰, 학생과 선생님의 갈등의 블랙홀일 수도 있지만 상대방의 의견을 경청하고 합리적인 해결점을 스스로 찾아 상호 협의 하에 사용규칙을 정하고 준수한다면 학생 스스로의 성장을 촉진하는 밑거름이 될 수도 있을 것이다.

│사각거리는 연필 소리에 담긴 슬픈 이야기
　- 버리는 학생과 줍는 선생님│

　내 책상 위에는 필통 한가득 연필이 빼곡하게 채워져 있다. 어려서부터 연필 쓰기를 하다 보니 샤프는 거의 써 보지도 않았고, 좀 수고스럽기는 하지만 연필을 일일이 깎아서 쓰고 있다. 샤프는 가늘고 일정한 굵기로 글씨를 쓸 수 있고, 깎아 쓰는 대신 샤프심만 갈아 끼우면 무한정으로 쓸 수 있다는 장점이 있지만, 아날로그적 감성이 물씬 풍기는 연필의 그 종이 위를 부드럽게 훑어가며 내는 사각거리는 질감을 따라올 수 없는 것 같다.

그렇듯 나에게는 참 소중하고 고마운 연필들인데, 내 책상 위 필통 속에 자리한 연필들은 거의 다 교실에서 학생들이 흘리거나 버린 것을 주워다 쓰는 것이다. 이 글을 보는 사람들이 혹시 이런 나를 두고 자린고비니, 땅거지니 하며 실소를 머금을 수는 있지만 나는 주워서 쓰는 부끄러움보다는 내가 연필을 사서 쓰지 않도록 해 주는 우리 학생들의 습관이 더 걱정스럽다.

수업시간 교실에 들어가 보면 예전과는 다르게 교실 이곳저곳에 쓰레기들이 많이 보인다. 수업시간 시작 무렵 말끔하게 정리하게끔 지도를 하지만 쉽게 나아질 기미는 보이지 않는 것 같다. 그리고 교실에 버려져 있는 물건들은 실제 사용이 불가한 쓰레기나 폐기물 수준인 것도 있지만 책이며 참고서, 연필, 볼펜, 유성펜, 수정테이프 등 각종 학용품들이 즐비하다. 언뜻 보기에도 사용하기에 아무런 문제가 없는 물건들이지만 어찌 된 연유인지 주인 찾아가라고 몇 번을 이야기해도 찾으러 오는 학생은 진짜 '가뭄에 콩 날' 정도로 드문 편이다. 담임 업무를 맡았을 때는 반 학생들이 잃어버리거나 주운 물건을 보관하고 주인이 찾아갈 수 있게 하는 분실물 보관함을 교실에 설치해서 약간의 효과도 봤지만 학생들의 습관은 단시일 내에 고치기는 너무 어려운 것이라는 것을 더 확실하게 알게 되었다. 그렇게 교실에 버려진 물건들을 모아 두다 보니 상당히 많은 양이 되어 버렸고, 다른 용도를 생각하다가 수업시간에 수행평가를 하거나 활동지를 작성할 때 요긴하게 쓰고 있다.

　나는 자신의 소지품이나 물건들을 잃어버리고 나서도 찾지도 않고 다시 구입하는 것을 아무렇지도 않게 여기는 학생들의 이런 생활 습관들을 보면서 이것이 과연 자라나는 아이들에게 좋은 것인가라는 반문을 자주 하곤 한다. 그래서 학생들에게 진지하게 '왜 자기 물건을 잃어버려도 찾아가질 않냐'고 물어봤더니 유행에 뒤처지고 싫증이 나서라고 대답하는 학생들이 꽤 많았다. 그러면서 그냥 싫증 나고 필요 없어서 버린 것인데 선생님은 왜 그러시지 하는 의문 가득한 눈초리에서 놀람과 걱정이 교차할 수밖에 없었다. 또 우연히 학생의 필통 속을 본 적이 있었는데 손바닥보다도 더 큰 필통 속을 형형색색의 필기도구들이 가득 채우고 있어서 그걸 다 쓰냐고 물어봤더니 다 쓰지는 않지만 마음에 드는 것을 하나씩 사다 보니 그렇게 많아졌다고 아무렇지도 않게 대답을 하는 것이었다. 그리고 요즘은 아이들이 많이들 그렇게 하는 것이 일반적이고 특정 브랜드 필기구를 가지고 있어야만 또래들 사이에서 소외를 안 당한다는 친절한 부연설명까지 곁들여서 나를 한 번 더 놀라게 했다.

　내가 자라던 시절만 해도 나라나 개인의 살림살이가 그리 넉넉하지만은 않던 시절이었기 때문에 항상 근검절약을 강조해서 생활 속 습관이 되었었다. 연필도 쓰다가 쓰다가 손에 쥘 수 없을 정도로 짧아지면 못 쓰게 된 볼펜 대에 꽂아서 몽당연필이 될 때까지 쓰던 기억이 새삼스럽다. 물론 나를 비롯한 기성세대의 풍족하지 못했던 어린 시절의 절약을 그대로 따라 하자는 이야기는 절대 아니다. 적어도 쓸 수 있는 물건이라면 그 효용 가치를 다하는 순간까지 잘 쓰는 것이 맞다고 생각할 뿐이다. 오죽했으면 다산선생도 유배지에서 아들들에게 보내는 편지에서 '근(勤)'과 '검(儉)'을 인생의 지표로 삼으라고 역설했을까?

지금도 문구점이나 팬시점, 심지어는 대형서점에 가도 수많은 종류의 학용품들을 만날 수 있다. 소비자는 그냥 돈만 지불하면 얼마든지 자신의 기호대로 물건을 사 쓸 수 있고, 또 싫증이 나면 언제든지 버리고 새것으로 사면 그만이라는 생각이 너무나 당연시되고 있어 적이 걱정되기도 한다.

그리고 '물질 만능시대'라 부르는 지금 이 시대 학생들에게 학교가, 선생님이 꼭 가르쳐야 할 기본 생활습관 중 하나가 '절약'이지 않을까 생각한다. 버리는 학생과 줍는 선생님, 참으로 아이러니한 조합이 아닐 수 없다.

지금도 나는 연필을 곱게 깎아 연필에서 풍겨 나오는 그 향기를 만끽하면서 종이 위에 사각거리는 소리에 푹 빠져든다.

| 무례한 아이들을 위한 슬기로운 학교생활 |

    수업을 다녀오니 교무실 옆 소회의실에서 두런두런 귀에 익은 말소리가 들린다. 자세한 내막은 모르겠지만 수업시간에 선생님께 불손한 행동을 한 학생이 불려와서 훈계를 듣는 중이었다. 어떤 녀석일까 궁금해하던 찰나 문이 열리고 등장한 그 아이. '음……또 너로구나'하는 장탄식이 터져 나온다.

    올해 들어 유난히 선생님들께 지적을 많이 받는 아이. 수업시간에 한눈을 팔거나 대놓고 턱을 괴고 졸거나 딴짓을 하다가 여러 번 지적을 당하는 그 아이. 여러 번 주의를 줘도 그때뿐이고 도무지 말이 먹히지 않는 그 아이. 우연치 않게 눈길이 마주친 순간, 자신의 행위에 대한 일말의 반성이나 뉘우침도 없이 그저 지루한 훈계가 끝나서 후련하다는 느낌이 훤히 들여다보이는 그 눈을 바라보면서 만감이 교차한다.

    요즘 들어 부쩍 학생들의 변화를 체감하는 일들이 부쩍 많아진 것 같다. 그중에서도 가장 우려스러운 것은 선생님들에게 불손하게 하는 학생들이 많아졌다는 것이다. 예전에 하던 말처럼 스승님의 그림자도 밟지 않는다는 말은 이제 전설처럼 회자하는 죽은 언어가 되어 버린 오늘날. 학생들의 불손한 언행은 그러잖아도 힘들어하는 선생님들 가슴에 대못을 박는다.

수업 시간에 집중하지 않는 학생은 그래도 양반이다. 어떤 학생들은 선생님에게 대들고 반항하는 것이 또래들 사이에서 자신의 존재감을 부각시키는 것으로 착각하고 노골적으로 수업시간에 수업을 방해하거나 딴짓을 한다. 심지어는 그런 행위를 제지하는 선생님들에게 불손한 태도를 보이거나 욕설이나 욕설 비슷한 비속어를 내뱉는 경우도 심심찮게 보이곤 한다. 특히나 여선생님들의 경우 덩치가 큰 남학생들이 불손한 행동을 하더라도 따끔하게 야단을 치거나 제지하기가 어려운 실정이다. 그래서 나의 경험과 주변의 상황들을 보았을 때 이렇게 하면 좀 더 부드럽게 해결할 수 있지 않을까 하는 생각을 해 본다.

첫째, 교실에서 불손한 행위를 하는 학생이 있을 경우 절대 맞대응을 하지 말아야 한다.

교실 내에서 발생한 상황을 혼자서 해결해 보기 위해 무던히도 애를 쓰지만 안 좋은 상황이 지속될 경우 다른 학생들의 학습권을 침해하게 되고, 또 다른 면에서는 아이의 그릇된 영웅 심리만을 키워줘서 사태를 악화시킬 뿐이다. 교실에서 아이와 대거리를 하기보다는 주의를 준 후 수업을 계속하고, 수업 종료 후 따로 불러서 지도하는 것이 가장 바람직하다.

둘째, 선생님이 먼저 흥분하거나 상소리를 해서도 안 된다.

목구멍까지 욕지거리가 끓어오르겠지만 그럴수록 부드러운 표정과 나긋나긋한 말투로 학생의 잘못을 하나하나 짚어줘야 한다. 본의 아니게 학생을 훈계하는 과정에서 선생님이 먼저 흥분해서 상소리가 튀어나오는 경우도 종종 있다. 선생님이 먼저 흥분하고 상소리를 하는 순간 학생은 이미 자신의 잘못에 대한 미안함은 가볍게 털어버린다. 그리고 남는 것은 선생님에 대한 적대감과 반항심뿐이다.

셋째, 체벌이나 폭언은 더더욱 안 된다.

절대로, 절대로 학생 몸에 손을 대는 행위는 해서는 안 된다. 폭언도 마찬가지다. 학생에게 손찌검하거나 폭언을 하는 순간 학생지도라는 순수한 의미는 퇴색해버리고 그 자리에는 교사에 의한 폭력행위라는 멍에만 남을 뿐이다. 의도는 좋았으나 결과는 비참한, 피해자였으나 가해자가 되어버리는 웃지 못할 상황이 생기는 것이다.

넷째, 교권침해행위 발생 시 즉각 신고한다.

선생님의 권리는 본인 스스로가 지켜야 한다는 의식을 가져야 한다. 수업시간 중이나 학교생활 중에 발생한 교권침해는 망설이지 말고 신고해야 한다. 학생의 인권도 소중하지만 그에 못지않게 선생님의 교권도 소중하다. 선생님이 존중받아야 학생들도 존중받을 수 있다는 의식을 심어주어야 한다. 교육청이나 교원단체에는 교권침해사례를 신고하고 도움을 받을 수 있는 장치나 제도들이 갖춰져 있다.

혼자 고민하지 말고 정당하게 도움을 요청하자.

다섯째, 교칙에 따라 공정하고 엄중하게 처리한다.

교권침해에 대해서 학생을 처벌하려고 할 때면 생기는 고민거리가 '내가 한 번만 참으면 될 일을 괜히 크게 만들어서 학생에게 피해가 가는 건 아닐까?'와 같은 것이다. 하지만 인정에 얽매이다 보면 선생님의 교권은 절대로 존중받을 수 없고, 교권침해는 더욱 심해질 것은 자명한 사실이다. 마음은 아프겠지만 학생 본인의 잘못이 얼마나 큰 것인가를 반드시 짚고 넘어가야 한다. 한순간의 온정으로 인해 선생님만 고스란히 피해를 감내하는 것은 학생의 올바른 성장을 위함이 절대 아니다. 자신의 잘못에 대한 징계와 반성 속에서 한 뼘 더 성장해 나아가야 한다.

학생을 무조건 처벌하자는 것은 아니다. 하지만 적어도 자신들을 가르치는 선생님들에게 기본적인 예의를 갖출 수 있는 학생들로 자라게 하자는 것이다. 그러기 위해서는 선생님들 스스로가 엄과 정을 고루 갖추고 상황에 적절하게 대처하는 것이 가장 현명한 것 같다.

에어컨 별곡(別曲)

해가 갈수록 여름 날씨가 무더워지고 있다. 책이나 매스컴으로만 듣던 지구의 기상이변이나 온난화를 절감하고 있다. 요즘처럼 폭염이 기승을 부리는 이런 더운 여름철 필수 불가결한 기기가 바로 에어컨이다. 예전 예산이 부족했던 시절에는 학생들이 여름에는 찜통더위에, 겨울에는 각종 겨울옷으로 중무장을 하고 지내야 했던 시절이 있었다. 교실 환경이 불비했던 시절 한여름 무더위를 이기는 가장 강력한 수단은 교실에 장착되어 있는 두어 대의 낡은 선풍기가 전부였었다. 그마저도 연식이 오래되어 성능도 떨어지고 교실 전체를 시원하게 하는 것은 언감생심이었지만 교실에서 덜덜거리며 돌아가는 선풍기 한 대의 후줄근한 바람이 그렇게 고마웠던 시절도 있었다. 그래서 해마다 여름이 되면 사비를 털어 우리 반 아이들을 위해 선풍기를 몇 대 구입해서 교실에 들여 주기도 했다.

학교에 에어컨이 보급되고 나서도 전기료 때문에 더운 여름에도 거의 에어컨을 틀지 않도록 지도하다 보니 '에어컨은 냉방기기가 아니라 가구입니다'라는 자조 섞인 아이들의 원망 소리도 있었다. 게다가 에어컨 사용을 한 대 줄이면 선풍기 넉 대를 돌릴 수 있는 전기를 쓸 수 있다는 공익광고까지 나올 정도로 절전은 우리의 중요한 숙제 중 하나였다.

더운 여름철 선풍기로도 모자라 땀을 삐질 거리며 살다가 어쩌다 한 번 틀어주는 에어컨 바람이 어찌나 시원하던지. 그런데 지금은 상시로 에어컨을 틀고, 그것도 모자라 교실마다 비치된 대형 선풍기를 같이 돌리고 있다. 충분히 선선한데도 그냥 습관적으로 몇몇 학생들이 선풍기를 독점하고 아무런 생각 없이 이중으로 냉방을 하고 있는 상황이다 보니 교실에서 교복 위에 얇은 겉옷을 덧입는다거나 무릎 담요를 덮는 학생도 눈에 자주 뜨이고, 심지어 냉방병 환자마저도 속출하고 있다. 웃긴 말로 개도 안 걸린다는 여름 감기를 달고 사는 아이러니한 상황이 일상이 되었다.

그다지 덥지도 않은데 에어컨을 달고 살고, 심지어는 이동수업을 할 때 끄고 나가는 것도 잊어버릴 때가 많아서 수업하러 가다가 꺼주곤 한다.

힘들 때 참고 견디는 것이 능사가 아닌 것은 잘 알지만 너무나도 문명의 이기에 길들어버린 아이들을 바라보면서 참을성과 끈기의 필요성을 절감한다.

때로는 부족함 속에서도 넉넉함을 찾을 수 있어야 하고, 불비한 조건을 탓하고 불평하기보다는 쉽게 나아질 수 없는 상황 속에서 최대의 효율을 찾아보는 노력을 배우는 것도 중요하고, 때로는 육체적, 정신적으로 힘든 상황일지라도 시쳇말로 '이 또한 지나가리라'라는 생각으로 참을 수 있는 긍정적인 태도를 기를 수 있어야 할 것이다.

동의하지 않는 사람들도 많겠지만 이러한 것을 가르치는 것도 교육의 소소하지만 중요한 부분이라고 생각한다.

| 학교폭력에 대처하는 우리의 자세 |

학교현장에서 오래 있다 보면 여러 가지 상황들을 겪게 되는데 그중에서 가장 우려되는 것이 '학교폭력'이다. 물리적인 폭력을 정당화하려는 것은 아니지만 예전에는 학생들끼리 서로 치고받아도 쉽게 화해하고 오히려 싸우기 전보다 더 친해지는 경우도 종종 봐 왔다. 하지만 현재 학생들에게 그런 순수(?)한 해결책을 바란다면 어불성설이다. 더구나 요즘은 인터넷이나 SNS가 발달해 있다 보니 기존의 물리적인 폭력뿐만 아니라 언어적, 정신적인 폭력 등 학교폭력의 유형도 다양해지고 점점 진화해 가는 모습을 보인다.

학생부 관련 업무나 담임 업무를 맡은 경우 이러한 학교폭력 사건이 발생했을 때 상당히 곤혹스러운 상황에 놓이는 경우가 많다. 그래서 학교폭력의 유형이나 빈발 시기, 과거 사례 등을 소상하게 알고 있어야 상황에 따른 적절한 해결책을 제시하거나 중립적인 입장에서 사건을 처리할 수 있다.

여기에서는 내가 다년간 경험한 학교폭력의 슬기로운 해결방법에 관해 이야기해 보고자 한다.

첫째, 학교폭력 사건이 발생했을 경우 절대로 흥분하거나 학생들을 나무라거나 야단쳐서는 안 된다. 선생님 입장에서는 훈육의 의도로 야단을 칠 수도 있다고 생각하겠지만 학생들이 받아들이기에는 그냥 야단맞고 있는 것에 불과하다. 그러므로 담임이나 학생부 담당 선생님은 절대 흥분하지 말고 냉정한 태도를 유지하면서 가해 학생과 피해 학생이 누구인지, 사건의 전말은 어떻게 된 것인지 빨리 파악하는 것이 급선무라고 할 수 있다. 그리고 이러한 초동조치 과정에 대해서 상세한 기록을 남겨 놓는 것 또한 중요하다. 나중에 사건조사 과정에서 중요한 자료로 활용할 수 있기 때문이다.

둘째, 가해 학생과 피해 학생을 반드시 분리해야 2차 피해를 막을 수 있다. 특히 물리적인 폭력이 발생했을 경우 가해 학생과 피해 학생을 분리하지 않을 경우 2차 폭력이 발생할 수 있고, 감정적으로도 격앙되어 있는 상태이기 때문에 심리적인 안정을 위해서라도 반드시 가해 학생과 피해 학생을 분리해야 한다. 그리고 절대로 학생들을 혼자 두어서는 안 된다. 반드시 담임이나 학생부 담당 선생님이 학생과 같이 있으면서 다독여 주고, 상황을 좀 더 자세하고 정확하게 파악해 보거나 사건과 관련된 상황진술서를 작성하도록 해야 한다. 그리고 피해 학생에 대한 SNS를 통한 인신공격이나 언어폭력, 피해 사실 확산, 따돌림 등의 다양한 2차 피해가 발생할 가능성이 있기 때문에 가해 학생, 피해 학생 양자에게 이러한 사실을 주지시켜야 한다. 그래서 가해 학생은 2차 폭력을 가할 수 없도록 지도하고 피해 학생은 상황 발생 시 화면저장이나 녹음 등을 통해 증거를 확보하고 즉시 선생님에게 알려 학교폭력으로 인한 2차 피해를 당하지 않도록 미연에 방지하는 것도 중요하다.

셋째, 피해 학생은 물론이지만 가해 학생의 이야기도 중립적인 입장에서 들어주어야 한다. 피해 학생의 이야기를 경청하고 공감하며 위로하는 태도를 보여준다면 피해 학생이 빠른 시간 안에 심리적인 안정을 회복할 수 있기 때문이다. 그러므로 자신의 속마음을 거리낌 없이 이야기할 수 있도록 들어주는 것만으로도 피해 학생은 많은 도움을 받을 수 있을 것이다.

그리고 단순한 이분법적인 논리로 가해 학생을 대하게 된다면 행위에 대한 징벌적 의미 이외에 학생 행동의 변화나 개선은 기대하기 어려울 수도 있다. 그러므로 가해 학생에게 자신으로 인해 발생한 학교폭력이 얼마나 잘못된 행동인가를 스스로 느낄 수 있도록 해야 하며, 학생의 자발적인 반성과 행동 변화를 이끌어내기 위해서는 가해 학생에 대한 부정적인 시각을 자제하고 중립적이고 객관적인 입장에서 가해 학생이 왜 학교폭력을 저질렀는가에 대해 경청하고 냉정하게 분석해 보아야 한다. 이때 주의할 점은 가해 학생에게 보여주는 경청과 공감의 태도가 자칫 가해 학생에게 면죄부를 줄 수도 있다는 점을 명심하고 절대 감정적인 동요에 휩쓸리지 않는 중립적인 태도를 견지해야 할 것이다.

넷째, 피해 학생의 신체적 피해가 발생했을 경우 즉시 학부모에게 연락을 취한 후 병원 진료가 우선되어야 한다. 경미한 상처는 학교 보건실에서 응급처치를 할 수도 있지만, 의외로 상처가 큰 경우 즉시 병원으로 후송하는 것이 급선무이다. 간혹 피해 학생의 병원 후송이 늦어져서 상태가 악화되는 경우도 있는데, 이는 전적으로 학교의 책임일 수밖에 없다. 따라서 피해 학생의 병원치료가 필요하다고 판단했을 경우 신속하게 담임이나 학생부 담당 선생님이 학부모에게 연락해서 평소 자주 가는 병원이 있는지, 희망하는 병원이 있는지를 물은 후 직접 데려가거나, 119에 신고해서 후송을 하는 것이 중요하다. 그래야지 피해 학생의 악화를 방지할 수 있고, 추후 사건화되었을 경우 학부모의 항의나 문제 제기에 능동적으로 대처할 수 있는 근거가 되기 때문이다.

다섯째, 학교폭력 사건 당사자 간의 원만한 합의와 화해를 위해 담임선생님이나 학생부 담당 선생님이 중재하는 경우도 종종 볼 수 있는데 이 부분은 상당히 신중한 접근이 필요하다. 선생님들의 입장에서는 가해 학생이나 피해 학생 모두 보듬고 가야 할 학생들이기 때문에 어느 쪽 편을 일방적으로 들 수 없기 때문이다. 그래서 좋은 의도로 양자 간의 화해를 중재해 보려고 노력하는데 이는 양쪽 모두에게 오해의 소지를 줄 수 있어서 특히 유의해야 한다. 피해 학생이나 학부모의 입장에서 보면 선생님의 중재 노력이 자칫 가해 학생 편을 드는 것 아니냐는 오해를 불러일으킬 수 있고, 가해 학생이나 학부모의 입장에서 보면 자신들이 가해자이기는 하나 너무 일방적으로 몰아간다는 반발을 불러일으킬 수도 있기 때문이다. 따라서 학교폭력 사건이 발생했을 경우 선생님은 적극적인 중재자나 해결자로 나서기보다는 중립적인 입장에서 불편부당함을 보여주는 것이 오히려 사건 해결에 도움이 될 수 있을 것이다.

여섯째, 가해 학생, 피해 학생 모두 상담 전문교사나 상담 전문기관 전문가의 상담을 일정 기간 받도록 해야한다. 가해 학생은 상담을 통해 자신의 잘못을 스스로 반성하고 재발 방지를 위한 계기가 될 수 있도록 하는 것이 중요하다. 그리고 피해 학생의 경우는 상담을 통해 심리적, 정신적 피해 상황을 빠른 시일 내에 극복할 수 있도록 해야 하며, 학교나 선생님이 자신을 보호해 주고 있다는 신뢰감을 가질 수 있도록 해주는 것이 중요하다. 그리고 상담 중 발생하는 상황에 대해서는 담임선생님과 상담 선생님이 긴밀하게 협조해서 피해 학생이나 가해 학생 모두 학교생활을 하는데 어려움이 없도록 관심을 가지고 지도해야 한다.

학교폭력은 어떠한 상황에서도 정당화하거나 면죄부를 받아서는 안 된다. 다만 '죄는 미워하되 사람은 미워하지 말라'는 말처럼 학교폭력을 저지른 학생을 무조건 벌하고 격리시키는 것이 능사가 아니다. 자신의 행동이 잘못되었다는 것을 분명히 인지시키고 그에 적절한 처벌과 반성을 통해 스스로 잘못을 깨달을 수 있도록 해야 한다. 또한 가해 학생 역시 소외당하거나 부정적 편견에 시달리는 일이 없도록 세심하게 보호해야 할 것이다. 그리고 더 중요한 것은 피해 학생이 단시일 내에 신체적, 정신적 상처를 극복하고 학교생활을 정상적으로 할 수 있도록 관심과 사랑을 가지고 보살피는 것이다. 특히 인터넷이나 SNS 등을 통해 피해 학생이 더 많은 상처를 받을 수도 있고 또 다른 2차 피해로 이어질 가능성이 높기 때문에 더더욱 피해 학생에 대한 후속 조치와 추수 지도에 중점을 두어야 한다.

마지막으로 피해 학생이나 가해 학생 모두 우리가 가르치고 보듬고 가야 할 아이들이라는 점도 다시 한 번 되새겼으면 하는 바람이다. 학교폭력은 '예방'이 가장 훌륭한 해결책이자 대비책이라고 할 수 있다. 따라서 학교폭력 사건이 발생했을 때 신속한 대응조치를 통해 더 큰 사고를 미연에 방지하고, 사건처리 과정에서는 중립적이고 객관적인 입장에서 어느 쪽도 억울하거나 감정의 응어리가 생기는 일이 없도록 해야 하며, 사건 종결 이후에는 피해 학생이나 가해 학생 모두 학교생활에 다시 적응할 수 있도록 포용해 주어야 한다.

| 창살 너머로 나는 절망과 희망의 두 얼굴을 보았다 |

덜컹! 문이 열린다. 한 뼘이 훨씬 더 돼 보이는 두꺼운 철문이 열리면 그 안에는 바깥과는 다른 세상이 펼쳐진다. 등 뒤로 다시금 철문이 커다란 소리를 내며 닫히고 안으로 들어선다. 멀리 삭막한 군부대 막사 같은 콘크리트 건물이 위압적으로 버티고 있고, 운동장에는 사방을 빙 둘러서 검은 제복을 입은 사람들이 지켜보는 가운데 머리를 짧게 깎은 아직 얼굴에 앳된 기운이 가시지 않는 아이들이 이런저런 일들이며 체육활동을 하고 있다. 그런 아이들의 시선을 한몸에 받으며 건너편 건물로 발길을 옮기면서 오만가지 생각이 다 떠오른다. 그렇다 지금 내가 들어선 이곳은 다름 아닌 소년원. 지금은 '○○정보산업학교'라는 교육기관명으로 불리는 그곳이다.

선생님이 교정기관을 방문한다는 사실이 생소하겠지만, 이곳을 방문할 수밖에 없는 이유가 있었다. 우리 반 학생 중 하나가 중학교 때 저지른 학교폭력사건이 원만하게 해결되지 못해 정식재판에 회부되었고, 전학 온 우리 학교에서 학교폭력 사건이 재발까지 한 상황이어서 불가피하게 교정시설에 수감된 데다 하필 중간고사 기간이 겹쳐서 규정상 시험지를 가져다주고 회수해야 했는데 다른 선생님에게 맡기는 것도 좀 그래서 담임인 내가 가겠노라 이야기하고 이곳을 방문한 것이다.

건물 안으로 들어가서 보안장치를 지나 한쪽 구석에 있는 작은 방으로 들어가니 아무것도 없이 둥그런 철제책상과 의자만 놓인 그곳에 아이가 있었다. 걱정했던 것보다 아이의 얼굴은 차분하고 담담했다. 나는 이곳에 들어서면서 혹시나 아이가 사회나 학교, 선생님에 대한 원망이나 분노에 가득 차 있지나 않을까 걱정을 했지만 기우였다. 오히려 학교에서 보던 활기찬 모습은 사라지고 풀이 죽어 내려앉은 두 어깨가 왜 그리 왜소해 보이는지 왈칵 눈물이 나올 것 같아 잠시 고개를 돌렸다.

교정시설에 수감되어 있었지만 사전에 연락해 놓아서인지 나름 중간고사 준비를 착실히 한 것 같았다. 문제를 다 풀 동안 기다리면서 아이의 얼굴을 물끄러미 바라보았다.

'왜 너는 철없이 잘못을 저질러서 이곳에 있어야 하니'

시험지를 풀고 있는 아이의 얼굴을 보니 한숨만 나왔다. 그렇게 이삼일을 시험지 배송과 회수를 하면서 많은 생각을 해 보았다. 나름 학생 지도에 신경도 많이 쓰고 생활지도도 잘한다고 자타가 인정해 주었는데, 생각지도 않은 곳에서 학교폭력 사건이 터지고 수습하기도 어려운 상황에 직면하게 되니 갈피를 잡을 수 없었다. 이미 중학교 재학 시에 발생한 사건이라 내가 손써볼 도리는 없었지만, 고등학교 입학 후 좀 더 세심하게 신경을 썼더라면 좋았을 것을 하는 후회도 생겼다. 그 와중에 그나마 다행스러운 것이 있다면 교정시설에 수감되어 있는 상황에서도 아이가 학업을 포기한다거나 더 비뚤어지지 않고 자신의 잘못을 진정으로 뉘우치고 있다는 것이었다.

그런데 학교에서의 상황도 아이에게 썩 좋지 않은 방향으로 흘러갔다. 학교폭력대책자치위원회(이하 학폭위) 결과 강제전학 조치가 내려진 것이다. 담임으로서 학폭위에 참석하여 학교폭력을 저지른 죄과에 대해서는 처벌이 불가피하지만 아이가 다시 학교에 복귀할 수 있도록 선처를 바란다고 했다. 하지만 그동안의 과실이 너무 커서 선처가 어려운 상황이었다. 결국 학폭 징계로 인해 전학을 가야만 하는 상황이 됐고, 아이는 전학 대신 자퇴를 선택하고 그렇게 내 가슴에 대못 같은 아쉬움과 상처를 남기고 떠나갔다.

다행히 자퇴 후에도 나와 지속적으로 연락을 취하면서 검정고시 준비나 진로상담 등을 할 수 있도록 잘 따라주었고 이듬해 검정고시를 통과해서 대입을 준비하고 있다. 아이가 학교를 떠날 때 가장 우려했던 것은 아이 스스로 학교를 떠날 때 자신을 잡아주지 않은 담임선생님이나 학교, 사회에 대한 원망으로 행여 더 비뚤어지지는 않을까 하는 것이었다. 하지만 자신의 시행착오를 깊이 뉘우치고 성실하게 노력하는 모습이 너무나 고마웠다. 어찌 보면 밑바닥까지 추락한 암담한 상황임에도 불구하고 좌절하거나 원망하기보다는 자신이 처한 상황 속에서 최선을 길을 선택한 아이의 선택과 노력에 지지와 응원을 보내고 싶다.

생각해 보면 아픈 손가락 같은 아이였지만 곡절을 겪은 후에 새롭게 자신의 삶을 고민하고 찾아가는 그 아이의 모습을 통해 절망과 희망의 두 얼굴을 볼 수 있었고, 학교 밖 청소년들에 대한 학교와 선생님의 역할에 대해 진지한 고민을 하는 계기가 되었다.

학교를 떠나는 아이들, 학교 밖 청소년

'학교 밖 청소년'이란 말을 들어 보았는가?

'학교 밖 청소년'이란 ①초등학교·중학교 또는 이와 동일한 과정을 교육하는 학교에 입학한 후 3개월 이상 결석하거나 취학의무를 유예한 청소년 ②고등학교 또는 이와 동일한 과정을 교육하는 학교에서 제적·퇴학 처분을 받거나 자퇴한 청소년 ③고등학교 또는 이와 동일한 과정을 교육하는 학교에 진학하지 않은 청소년(학교 밖 청소년 지원에 관한 법률 제2조)으로 정의된다.

교직 생활을 하면서 가장 안타까운 경우 중 하나가 중도에 학업을 포기하고 학교를 떠나는 아이들이다. 짧지 않은 교직 생활 동안 나도 이러저러한 이유로 여러 명의 학생을 학교 밖으로 내보낼 수밖에 없었다. 자신이 희망하는 진로와 학교 수업내용이 안 맞아서 학교를 떠나거나, 부모와의 갈등으로 인한 경우, 학교생활 부적응, 심지어는 학교폭력 징계 때문인 경우도 있었다. 저마다 다 사연들이 있겠지만 선생님의 입장에서 보면 하나하나가 소중한 학생들인데 학교 울타리 안에서 보듬어 주지 못하고 떠나보내야만 했던 기억은 두고두고 아픈 손가락처럼 남는 것 같다.

지금도 생각할 때마다 가슴 한구석이 아린 학생이 있다. 또래 아이들에 비해 유달리 차분하고 생각도 깊은 학생이었는데 입학 후 얼마 지나지 않아 갑작스레 담임선생님에게 자퇴를 선언했다. 까닭을 물으니 자신이 생각하는 진로 분야를 빨리 공부하고 싶은데 학교 교육과정에서는 도저히 할 수가 없더란다. 그래서 집에서 엄마와 많은 이야기를 나누고 고민한 끝에 검정고시 준비와 진로공부를 병행하기로 했다는 것이다. 선생님이기에 앞서 부모의 마음으로 학생을 설득하고 달래도 보고 야단도 쳐 보았지만, 결심은 확고부동했고, 얼마 지나지 않아서부터는 아예 학교에 등교를 하지 않았다. 부모님과도 여러 차례에 걸쳐 면담도 하고, 진로직업교육을 받을 수 있는 대안학교나 진로직업 프로그램, 위탁 교육 등을 알아보고 설득을 해 봤지만 아무런 소용이 없었다.

결국은 여름방학이 끝나갈 무렵 학적을 정리하고 학교를 떠나게 되었는데, 마지막으로 학적을 정리하면서 학생에게 이렇게 말했다.

"OO야, 네 인생에서 고등학교 담임선생님은 내가 유일한 것 같다. 네가 선택한 이 길이 설령 잘못된 선택이라 할지라도 선생님은 너의 선택을 지지하고 응원할게. 그리고 혹시나 생각대로 안 되거든 언제든지 학교로 돌아왔으면 좋겠다."

"걱정하지 마세요, 선생님. 저도 걱정이 많이 되지만 잘할 수 있을 거라고 저 자신을 믿어요."

학교를 그만둔 이후로도 학생 본인이나 어머니와 연락을 지속적으로 하면서 계속 지켜보았는데 다행히 본인이 이야기했던 대로 검정고시와 진로를 병행해서 잘 해 주고 있어서 너무나 고마웠다. 간혹 시간 날 때 학교를 찾아오기도 했는데 자신이 스스로 선택한 길을 한눈팔지 않고 의연하게 잘 해 나가고 있는 모습이 대견하기도 했지만 늘 가슴 한 구석에는 미안함과 아쉬움이 자리 잡고 있었다. 그나마 이 학생의 경우는 좋은 사례라고 할 수 있지만, 그와는 반대로 학교를 떠난 후 범죄에 연루되거나 하루하루 힘겹게 살아가는 학생들도 있다. 그런 소식을 들을 때마다 학교를 떠나려 할 때 좀 더 강하게 만류하지 못했던 것이 너무나 후회스럽고 학생들에게 미안했다.(※다행히도 그 학생은 고졸 검정고시를 또래 친구들보다 빨리 치렀고, 국방의 의무도 훌륭하게 수행한 후 본인이 그리던 컴퓨터 관련 분야에서 열심히 일하고 있다.)

지금은 이런 학교 부적응 학생들을 위한 공교육 테두리 안에서의 대안 교육이나 진로직업교육이 만족스러운 수준은 아니지만 점차 활성화되어 가고 있다. 하지만 학교 밖 청소년 숫자를 생각한다면 많이 부족한 실정이다. 학교 밖 청소년들도 소중한 우리 아이들이다. 그들도 사회의 보살핌을 받아야 할 당연한 권리와 의무가 있다고 나는 생각한다. 가장 좋은 것은 학교 교육과정의 다양화를 통해 학생들 개개인의 적성과 진로에 맞는 지도를 하는 것이지만 현실적으로 여러 가지 여건들로 인해 당장 현실화하기는 어렵다고 본다. 하지만 여건이 조금 불비하더라도 현재 학교에서 할 수 있는 구체적이고 다양한 노력들이(대안 교육과 일반 학교 교육을 융합하는 선택형 교육과정 구성, 일반계고 학생들을 위한 학교 내 진로직업과정 운영, 일반계고와 전문계고의 교육과정 공유를 통한 상호보완적 교육시스템 구축 등) 필요하다고 본다.

학교 밖 청소년들, 학교생활에 적응하지 못해 힘들어하는 학생들 모두 우리가 보듬고 키워 나아가야 할 우리의 미래이다. 조금 힘들겠지만 우리 선생님들이 그러한 학생들에게 조금만 더 따뜻함과 사랑이 담긴 시선을 주고 보듬어 주며 다독거린다면 어떨까?

※ '학교 밖 청소년' 관련 교육통계자료를 간략하게 인용해 본다.

한국교육개발원(KEDI) 교육통계서비스에서는 초·중등교육기관의 학업중단 자료를 제공하고 있는데, 2018년도 발표 자료를 보면 의무교육 단계인 초등학교와 중학교의 학업중단율은 1990년도 이후로는 1% 이하 수준으로 유지되었다. 고등학교의 경우, 전반적으로 초등학교 및 중학교보다 높은 학업중단율을 보이고 2010년도 이후로는 2% 이하 수준을 유지하고 있고, 2017년도 기준 학업중단율은 초등학교 0.6%(16,422명), 중학교 0.7%(9,129명), 고등학교 1.5%(24,506명)인 것으로 조사되었다.

초·중·고등학교 모두에서 최초 학년의 학업중단율이 가장 높고, 특히

> 고등학교 1학년의 학업중단율은 2.5%에 육박하며 각급 학교에서 학업중단 남녀의 비율이 거의 동일하게 나타나는 것으로 조사되었다. 그리고 지역별 학업중단율에서 역시 명확한 패턴을 발견할 수는 없었으나 초등학교 및 중학교에서는 대·중·소도시일수록, 고등학교에서는 읍·면·도서벽지일수록 학업중단율이 다소 높은 경향을 보였다.
> 이렇게 학업을 중단한 학령기 학생 수는 무려 40만 명에 이를 것으로 추정되는데, 학업중단은 학교 밖 청소년 개인의 성장을 저해할 뿐만 아니라, 국가적으로도 인적자원 손실, 범죄율 증가 등의 사회적 비용을 초래할 수 있어 학교 밖 청소년에 대한 정확한 실태 파악 및 지원 정책 마련 등을 통해 이들을 재조명하고 대책을 마련이 시급한 상황이다.

| 미련 |

2017년은 유난히도 곡절이 많았던 해였다. 특히나 교직 생활을 시작한 이후로 가장 어려웠던 시간이기도 했다. 그중에서도 가장 마음이 아팠던 것은 내 반 아이를 끝까지 잡아주지 못한 미안함이었다.

그 아이는 다른 지역에서 전학을 왔다. 이야기를 들어보니 집안 사정도 무척이나 복잡한 것 같았고, 부모의 보살핌을 거의 받지 못한 채 방치되다시피 한 상황이었다. 전학 온 첫날부터 무단조퇴를 하더니 학교를 전혀 나오지 않았다. 학생 본인도 연락이 되질 않고 보호자와의 연락도 안 되는 상황. 가까스로 거주지를 알아내어 연락을 취해 봤지만, 위장전입 비슷한 애매한 상황인데다 아이가 뭘 하고 지내는지 어디에 가 있는지조차도 관심이 없었다.

어쩌다 한 번 등교하는 날이면 교무실에 불러 앉히고 어르기도 하고 화도 내 가면서 학교생활에 충실하자고 설득도 하고, 어렵게 통화가 됐을 때 학교 나오는 것이 힘들면 밖에서 선생님이랑 만나서 이야기나 하자고 해도 별 무소용. 다음날이면 언제나처럼 무단결석을 하는 아이였다. 결국, 무단결석 일수가 많아져서 유급될 수밖에 없는 상황에 이르게 됐고, 아이는 학교를 떠나야 했다. 아이의 생기부를 정리하고 학적변동 기안을 올리면서 나 자신을 얼마나 책망했는지 모른다.

'너는 선생이라는 작자가 학생 하나도 못 붙들면 어떻게 할 거냐?'
'너도 아이 키우는 아빠이지 않으냐?'

이런저런 생각을 하다 보니 수도 없는 자책감이 밀려들어서 아무것도 손에 잡히지 않았다.

지금 이 글을 쓰고 있는 이 순간에도 등교 마지막 날, 어머니와 함께 학교에 와서 자퇴 서류를 작성하고 짐이랄 것도 없는 것들을 가지고 온 가방에 대충 구겨 넣고 가던 아이의 뒷모습이 눈에 어른거린다. '부모의 관심이나 보살핌도 제대로 못 받고 사는 저 아이를 아무런 대책도 없이 세상 밖으로 내보내면 저 아이의 삶은 얼마나 시난고난할 것인가?'라는 생각을 하니 다시 한 번 미안함이 밀려들었다.

그나마 그 아이에 대한 마음의 짐을 조금이나마 덜 수 있었던 것은 자퇴 후 얼마간의 시간이 흐른 후, 수업을 다녀와 보니 들어와 있던 문자 메시지 한 통 때문이었다. 다행히 자퇴 후 자기 딴에는 많은 고민을 해 보다가 지역에 있는 직업전문학교에 등록했다는 내용의 간단한 문자였지만 너무도 다행스럽다는 생각이 들어 칭찬과 다독임이 가득한 답 문자를 보냈다.

'선생님은 너의 결정을 존중하고 열렬히 지지한다. 곁눈질하지 말고 앞만 보고 내달려라. 그리고 정 힘들 때면 언제든지 선생님을 찾아라. 선생님은 너의 앞길이 꽃길이길 응원한다'

해마다 학교를 떠나는 아이들이 늘어가고 있다고 한다. 강 건너 불구경하듯 바람결에 흘려듣는 딴 세상 이야기가 아니라 우리가 직접 가르치고 있는 학교현장에서 일어나는 일이다. 학교 밖 청소년을 위한 다양한 교육프로그램이나 대안 교육 등이 예전에 비해서는 더 활성화되고 탄탄해지기는 했지만, 아직도 그네들을 보듬기에는 턱없이 부족하다는 생각이다. 아이들이 떠나고 난 후에 사후약방문격으로 대안을 마련하기보다는 아이들이 스스로 학교 밖으로 나가지 않도록 우리 선생님들이 더 많은 관심을 가지고, 인간에 대한 근원적인 믿음과 사랑으로 보듬어 주어야 할 것이다.

습관의 중요성 - 공수인사 배꼽인사

　오랜만에 선생님들 식사 자리가 있었다. 요즘에는 학년별로 교무실을 따로 쓰는 데다 자잘한 업무들이 많다 보니 같은 학교 울타리 안에서조차 선생님들의 얼굴을 보기가 어려운 경우도 종종 있다. 모처럼만에 가지는 식사인지라 수업을 마치고 곧장 퇴근해서 학교 인근의 먹자골목에 모여 즐거운 마음으로 이런 얘기 저런 얘기 하다 보니 귀가할 시간이 되었다. 주차장으로 가기 위해 가게 문을 나서서 몇 걸음이나 갔을까. 갑자기 반대편에서 걸어오고 있던 젊은 친구들 중 한 명이 앞으로 쪼르르 달려오더니 두 손을 앞에다 가지런히 모으고 허리를 깊게 숙여서 큰소리로 인사를 하는 것이었다.
　"선생님, 안녕하십니까!"
　주변 가게들이 한창 영업할 시간이라 조명도 어둡지는 않지만, 밤이다 보니 누구인지 바로 알아보기가 어려웠다.(사실 요즘 노안이 살짝 오기도 했다.) 그런데 길 한복판에서 공수인사, 일명 배꼽 손 인사를 하는 광경은 그리 흔한 장면이 아니었기에 길 가던 사람들의 시선이 집중되는 것은 자명한 일이었다. 가까이 가서 보니 내가 담임을 했던 우리 학교 졸업생이었다. 그리고 바로 웃음이 나왔다. 졸업생 제자가 하는 공수인사를 가르친 사람이 바로 나라는 사실을 깨달은 것이다.

내가 담임을 하면서 학생들에게 늘 강조하는 것 중 하나가 선생님이나 학생이나 서로에 대한 기본적인 예의는 지키자는 것이다. 그리고 예의의 기본은 인사라고 생각했기 때문에 아침 조례나 종례 시에는 반드시 자리에서 일어나서 공수인사를 하도록 가르쳤다. 물론 나도 똑같이 공수를 하고 학생들에게 정중하게 인사를 한다.

유치원이나 초등학교 저학년 때에나 했을 법한 공수인사를 머리 굵어진 고등학생들에게 가르친 것은 별다른 이유가 있어서는 아니었다. 상대방에게 갖추는 예의는 하루아침에 이루어지는 것이 아니라 일상생활 속에서 끊임없이 반복하는 과정에서 저절로 몸에 배게 하는 것이 가장 효과적이라고 생각했기 때문이다.

게다가 선생님에 대해 불손하게 하는 학생들 역시 심심찮게 목격할 수 있는 것이 부끄러운 현실인지라 더더욱 내가 가르치는 아이들부터라도 어른에 대한 마음에서 우러나는 공경심을 가르쳐 줄 요량으로 시작하게 되었다. 선생님인 나도 자신들에게 똑같이 공수인사를 하는 것을 보고 처음에는 낯설고 어색해하는 아이들도 많았지만 나중에는 자연스럽게 우리 반을 상징하는 인사법처럼 여기게 되었고, 심지어는 다른 반 학생들까지도 따라 하기도 했다.

늦은 밤길에서 받는 공수인사의 의미가 내게는 유별나게 다가왔다. 그리고 느꼈다. 이렇게 작고 소소한 것들이지만 끊임없이 가르치고 또 가르치면 아이들은 선생님을 따르게 된다는 것을. 공수인사 그

까짓게 대수냐고 말하는 사람도 있을 수 있겠지만 이러한 작은 것부터 몸에 배도록 가르치고, 실천하게 하고, 당연하게 생각하게 한다면 그것이야말로 교육의 힘이 아닐까 생각한다.

오랜만에 만난 제자 역시 의도적으로 했다기보다는 학교생활을 하면서 지속적으로 해 오다 보니 몸에 익어서 선생님을 보자 무의식적으로 공수인사가 나온 모양이다. 인사를 주고받은 후에야 주위의 눈을 의식한 듯 어색한 웃음을 띠는 제자의 모습이 그렇게 예쁠 수가 없었다.

"오메, 이쁜 시키~~~!"

크게 한 번 더 웃으며 힘껏 서로 보듬어 주고 돌아오는 길, 행복한 마음에 절로 콧노래가 흥얼거려진다. 이런 유쾌한 경험이야말로 진정한 의미의 '소. 확. 행'이 아닐까 싶다.

선생님은 빗자루를 들 터이니 너는 걸레를 밀어라

학교에서 수업을 하는 것만큼이나 중요하게 챙겨야 할 것 중 하나가 청소지도이다. 학생들이 하루 중 가장 오랜 시간을 보낸 곳이 교실이기 때문에 교실 환경을 청결하게 유지하는 것은 학생들의 건강과 쾌적한 학습환경을 만드는데 가장 기본적이면서 중요한 일인 것이다. 그런데 의외로 학생들은 청소에 대해 둔감하거나 청소시간이 되었는데도 청소할 생각은 안 하고 엎드려서 자거나 교실 TV를 켜고 자기들이 좋아하는 연예인 뮤직비디오나 게임 등을 찾아보는 일이 다반사이다.

　가장 좋은 것은 선생님이 청소시간마다 교실에 와서 청소하는 것을 감독하면 상관없겠지만 학교 사정상 다양한 업무들로 인해 생각보다 쉽지 않다. 그러다 보면 자연스럽게 청소시간에 소홀해질 수밖에 없고, 관심이 사라진 만큼 교실 환경은 비례해서 불결해질 수밖에 없는 것이다.

　나는 특별한 일이 없는 한 청소시간마다 임장 지도를 하는 편이지만, 혹시 긴급한 회의나 공문처리가 있을 경우 빼먹는 일도 있는데, 반 학생들은 때는 이때다 싶어 교실 청소는 내팽개치고 다른 일들을 하고 있는 경우도 많았다. 그런 날이면 너무나 확실하게 청소를 안 한 티가 그대로 드러난다. 정돈되지 않은 책걸상, 교실 바닥 여기저기에 흩어져 있는 종잇조각, 시험지, 유인물, 체육복, 참고서 등등. 교실 꼴을 보면서 마음속으로는 화가 났지만 되도록이면 내색하지 않으려고 표정 관리를 하며 수업을 하는데 교실에 널린 정리되지 않은 흔적들이 신경을 거슬리게 만든다.

　담임선생님이 현장에 나올 때만 청소를 하는 습관을 고칠 방법은 없을까 고민을 해 보다가 하루는 일부러 청소시간에 약간 늦게 슬그머니 교실로 올라갔다. 아니나 다를까 난장판도 그런 난장판이 없었다. 교실 TV에서는 한창 잘 나가는 걸그룹이 현란한 춤사위로 학생들의 턱을 흥건하게 만들고 있었고, 어떤 학생은 빗자루를 부여잡고 콘서트 삼매경에 빠져 있었다. 갑작스레 등장한 담임선생님을 보고 아이들은 놀라서 얼음이 되어버렸고 슬슬 눈치를 보기 시작했다. 교실은 예상했던 대로 지난 수업시간의 흔적이 고스란히 칠판 가득 남아 있고, 교실 여기저기엔 쓰레기가 나뒹굴었다.

가만히 숨죽이고 있는 학생들을 한 바퀴 쓱 둘러보고서는 아무런 말도 하지 않고 청소도구함으로 가서 빗자루를 꺼내 들고 쓸기 시작했다. 불호령이 떨어질 거라고 생각해서 숨죽이고 있던 학생들의 표정에서 놀람과 당황스러움이 보이기 시작하고 어찌할 바를 모르더니 눈치 빠른 학생 하나가 잽싸게 책걸상을 뒤로 물리기 시작했다. 그리고 남은 아이들은 자기 청소구역으로 가서 열심히 쓸고 닦고를 한다. 그다음에 이어지는 광경은 정말 '전광석화'란 말이 무색할 정도로 빠르게 움직였다. 내가 아무 말도 하지 않고 계속 비질을 하는 모습을 본 반장이 다가왔다.

"선생님, 빗자루 이리 주세요."

"아니다. 선생님이 잡은 거 마저 할게."

"아니에요. 이리 주세요."

"괜찮다니까. 얼른 가서 다른 친구들 도와서 청소 마무리 해라."

나는 이렇게 말하며 씨익 웃어주었는데 학생들은 덩달아 웃지 못하고 표정만 더 해쓱해지고 있었다. 흘깃 본 학생들의 표정은 차라리 야단쳐 달라고 말하고 있는 것처럼 보이기까지 했다.

그 후로 한동안 청소시간마다 교실에서 학생들과 함께 교실 청소를 했다. 학생들 생각에는 담임선생님이 며칠 하다가 관둘 거라고 생각했는지 모르겠지만 일부러 상당 기간 동안 교실 청소를 같이했다. 그리고 청소를 하면서는 절대로, 절대로 말 한마디 하지 않고 청소만 열심히 했다. 그랬더니 얼마 후에는 청소시간 종소리가 울리기 무섭게 책걸상을 뒤로 밀고 빗자루와 밀걸레가 번갈아 가며 교실을 슬고 닦는 것을 당연하게 여기게 됐고, 원하는 만큼은 아니지만 교실도 깨끗한 상태를 유지하게 되었다.

"애들아, 니네들이 하루 중 가장 많은 시간을 보내는 곳은 어디?"

"교실이요~!"

"그럼 학교에서 가장 깨끗해야 할 곳은 어디?"

"교실이요~!"

"그런데 왜 선생님이 계실 때만 청소를 하는 거냐?"

"……"

"선생님을 위해서가 아니라 니네들 건강이랑 쾌적한 환경을 위해서 그러는 거니까 불만이 좀 있더라도 청소할 때 같이 동참해 줬으면 싶구나. 할 수 있지?"

"네~~~~!"

초등학교 아이들 데리고 문답하는 내용처럼 보여 우스꽝스러울지는 모르지만 그래도 학생들은 전부는 아니더라도 왜 선생님인 상당 기간 동안 교실에서 아무 말도 하지 않은 채 묵묵히 비질만을 했는지 이해하고 잘 따라와 주는 것 같아서 한편으로는 흐뭇했다.

학교생활 속에서 벌어지는 지극히 소소한 일에 불과할지도 모르지만 학생들을 감시하고 안 한다고 잔소리하고 야단치는 것보다 선생님이 직접 몸으로 하는 것을 보여준다면 대부분의 학생들은 스스로 느끼고 변화해 줄 것이라고 나는 믿는다. 그리고 그 과정에서 중요한 것은 선생님의 묵묵한 솔선수범과 왜 청소를 해야 하는가에 대한 당위성을 학생들에게 이해시키는 일일 것이다.

나는 오늘도 학생들과 함께 교실에서 빗자루를 잡는다.
"얘들아, 선생님은 빗자루를 잡을 테니 너희는 책걸상을 밀고 걸레를 잡으렴."

불치하문(不恥下問) - 소통의 기술

교실에 설치된 기자재 중에서 핸드폰만큼이나 선생님과 학생들의 신경전이 날카로운 것이 컴퓨터와 대형 TV이다. 실제 수업에서 교육 목적이 맞게 잘 활용하고 있지만 때로는 학생들의 과도한 사용으로 골칫거리가 될 때도 있다. 그리고 드물지만 학생들이 설정해 놓은 비밀번호를 뚫고 사용을 하다가 학교에 있는 컴퓨터 상당수가 좀비 PC가 된 적도 있었다. 그래서 나는 우리 반 교실 컴퓨터는 수업 외 용도로 사용하지 못하도록 금지하고 비밀번호는 관리부장만 알고 수업시간 전에만 해제하도록 했다. 하지만 생각보다 관리가 어려웠다. 그러던 어느 날 반장과 몇몇 학생이 교무실로 찾아왔다.

"선생님, 교실 컴퓨터랑 TV 사용제한 풀어주시면 안 돼요?"

"음…… 알다시피 너희들이 수업시간 말고 식사시간이나 자습시간에 몰래 켜는 일도 많고, 게임하다가 걸리는 경우도 있어서 금지한 건데 무조건 풀어달라는 건 좀 어렵겠다."

"다른 반들은 다 풀어놓으셨는데요?"

"다른 반은 다른 반이고 우리 반은 우리 반이지. 다른 반이 한다고 우리 반도 따라 한다는 것은 좀 아닌 것 같지 않니?"

"선생님께서 걱정하시는 것이 뭔지 잘 알고 있어요. 저희도 적절하게 자제하면서 사용할 테니까 허락해 주세요."

"알겠다. 너희들이 그렇게 간곡하게 얘기하니까 생각은 해 볼게."

어렵사리 아이들을 달래서 교실로 보낸 후 옆자리 후배 선생님에게 조언을 구했다.

"최선생님, 선생님네 반은 교실 컴퓨터랑 TV 어떻게 관리해요?"

"저희 반은 그냥 애들 자율에 맡겼습니다."

"그러면 너무 무절제하게 사용하지 않을까? 파손 우려도 있고 말이야."

"저도 처음에는 그걸 우려했는데 선생님들이 생각하시는 것보다 애들 마냥 어리지는 않은 것 같습니다."

"그래?"

"저는 학급회의 시간에 사용시간을 자율적으로 정하게 하고, 학생들이 스스로 정한 규율을 어겼을 경우 제재를 가하는 방향으로 하니까 불평불만도 없어지고 학생들하고도 소통하기가 쉬워지더라고요."

"그래……"

"그리고 저랑 학생들 사이에 허용적인 분위기가 만들어지니까 소통하기도 전보다 훨씬 쉬워지고, 반 분위기도 전체적으로 좋아진 것 같아요."

후배 선생님과의 대화에서 생각지도 않았던 많은 것들을 깨닫고 배울 수 있었다. 그래서 반 대표 학생들을 불러 교실 내 컴퓨터와 TV 사용을 전격적으로 허용한다고 이야기했다. 다만 학생들이 스스로 절제할 수 있는 규칙을 먼저 정하도록 했는데 학급회의를 통해 등교시간, 식사시간, 청소시간에 사용하는 것으로 협의를 했다고 했다.

이것이 시작이었는지 몰라도 그 후로 담임선생님을 약간 무서워하던 아이들이 조금씩 옆자리를 내주기 시작했고, 나중에는 건의사항이 있으면 스스럼없이 이야기하는 분위기가 자연스럽게 만들어지게 되었다. 하지만 자유와 권리에는 그에 상응하는 의무가 주어진다는 것을 항상 강조했고, 되도록이면 학생들의 의사를 존중해 주되 과도한 경우에는 타당한 이유를 들어 제한하기도 하면서 원만하게 학급을 운영할 수 있었다.

자칫 교육이라는 고정관념의 틀 속에서 담임 독재(?)로 흐를 뻔했던 상황이지만 후배 선생님의 솔직한 조언을 통해 원만하게 문제를 해결할 수 있었고, 학생들이 자라는 것처럼 선생님들도 동료, 선후배 간의 밀고 끌어주는 과정에서 서로 상생하고 성장할 수 있다는 생각을 하게 되었다.

나이 어린 사람에게 배우는 것을 부끄럽게 여기지 말라 하시던 선인들의 말씀, '불치하문(不恥下問)'의 의미를 가슴에 되새긴 날이었다.

집으로 가는 길, 가출 소년 귀가기

지난밤의 흔적이 아직도 어슴푸레 흔적을 남기는 신새벽 머리맡에서 울리는 핸드폰 소리에 이른 잠에서 깼다. 알람이 울리기엔 아직도 시간이 조금 남아 있음에도 울리는 전화벨 소리가 혼곤한 잠을 깨운다. 잠이 덜 깬 목소리로 전화를 받으니 우리 반 학생 어머님이시다.

"선생님, 선생님…… 엉엉. 선생님 어쩌면 좋아요."

다짜고짜로 울음을 터뜨리는 어머님의 소리에 잠이 확 달아나 버린다.

"○○어머님, 고정하시구요. 무슨 일 있으세요?"

"우리 ○○이가, 우리 ○○이가…… 엉엉."

여전히 어머니는 말을 잇지 못하고 황소울음을 놓고 있다.

"○○어머니, 고정하시구요. 무슨 일이신지 말씀을 해 주셔야 저도 조치를 취해 드릴 거 아녜요."

사정부터 알아야 해서 한참 동안 OO어머니를 달래고서야 새벽 댓바람부터 전화를 하신 이유를 알 수 있었다.

"선생님, 우리 OO이가요…… 글쎄…… 가출을 해 버렸어요."

"가출요?"

"네, 어디 가서 찾아야 할지 막막해서 선생님께 전화부터 드렸어요."

갑자기 머리가 지끈거리며 아파온다.

"요놈의 자식이 기어이 일을 저지르고 말았네."

사건의 발달은 며칠 전 교실에서 발생한 분실사건 때문이었다. 체육 시간에 나갔다가 와보니 교실 문이 활짝 열려 있었고 교실 여기저기에 뒤진 흔적이 남아 있었다. 아이들의 신고를 받고 바로 교실로 가 봤지만 딱히 해결방법이 없었다. 아이들에게 주의를 주고 CCTV도 확인해 봤지만 전혀 흔적을 찾을 수 없었다. 분실한 학생을 데리고 와서 달래고, 나 나름대로 조치를 취했는데 사달은 그 후에 일어났다. 교실 내에서 분실사건이 발생하니 당연히 교실 분위기는 안 좋아졌고, 예전 일까지 들먹여 가면서 별소리를 다 했나보다. 결국 반 아이들 중 하나가 OO이에게 의심하는 쪽지를 몰래 남겼고, 그 쪽지를 읽은 OO이가 억울한 마음에 가출을 해 버린 것이었다.

일단은 아직 등교 전이니까 학교에서 상황을 봐서 연락드리겠노라고 어머니를 달래고 학교에 출근했다. 등교 시간이 넘어서도 OO이는 오지 않았고 일단은 어머니께 소방서에 미귀가신고를 하시도록 조치하고, 반에서 OO이랑 친한 학생 둘을 불러 혹시 연락되는지 물었더니 자신들은 연락이 안 되고 여자친구랑은 연락하는 것 같더라는 답변이 돌아왔다. 그래서 OO이 여자친구의 번호를 받아서 자초지종을 설명하고 OO이가 돌아올 수 있도록 도와달라고 부탁했다.

하루 종일 수업이며 일이 손에 잡히지 않았다. 핸드폰을 꺼 놨는지 위치추적도 안 되는 상태인지라 어머니의 마음은 새까맣게 타들어가고 있었고 담임인 나 역시 마찬가지였다.

그렇게 얼마를 기다렸는지 모를 정도로 초조해하고 있을 때 OO이를 찾으러 보낸 다른 학생이 지금 여자친구랑 통화한 것 같다면서 연락을 해 왔다. 그래서 OO이 여자친구에게 문자를 보내서 지금 어디에 있는지 물어봤더니 우리 집 가까운 호수공원 근처란다. 일단은 안도의 한숨을 내쉬었지만 안심하기엔 일렀다. 그래서 다시 여자친구에게 문자를 보내서 지금 당장 갈 테니까 OO이 친구들이랑 같이 잡아놓고 있으라고 부탁을 한 후 부리나케 호수공원으로 달려갔다. 다행히 우리 반 친구들과 여자친구가 OO이를 달래면서 호수공원에 있었다. OO이가 놀라지 않게 조심스럽게 다가갔다.

하루종일 이 녀석 때문에 애태운 걸 생각하면 따끔하게 혼을 내고 싶었지만 역효과가 날까봐 조용히 다독거리면서 물었다.

"밥은 먹었냐?"

"······아니요······"

"야! 이놈아. 밖에 나갔으면 밥이라도 잘 챙겨 먹어야 할 거 아니냐."

야단을 맞을 줄 알았던지 잔뜩 주눅이 들어 있다가 밥 먹었느냐는 나의 말에 아무 말도 하지 못하고 고개만 푹 숙였다.

"가자. 선생님 집 여기서 가까우니까 가서 늦은 저녁이나 먹자."

늦은 저녁 갑작스레 어린 손님들을 집으로 데리고 갔더니 집사람도 드물지 않게 봐 왔던 상황인지라 웃으면서 아이들한테 '곧 밥 차려주마'하고 부엌으로 가서 분주하게 늦은 저녁상을 차려주었.

반찬이라야 집에서 먹는 것에다가 바쁘게 두어 가지 보태서 차린 저녁상에 둘러앉아서 아무 말 없이 밥숟갈을 들었다. 일부러 밥 먹는 데만 열중하고 다른 말은 일절 건네질 않았다. 이윽고 밥상을 물리고 차를 마시면서 조근조근 가출한 이유를 물어보았다.

00이의 말인즉슨 '너무나 억울해서 그랬다.'고 했다. 자신은 결백하므로 별생각을 안 했는데 같은 반 친구가 몰래 책상 서랍 속에 끼워둔 쪽지를 보는 순간 너무나 억울했고, 또 자신을 바라보는 아이들의 시선이 모두 자신을 범인으로 모는 것 같아 견디기가 힘들었다고 했다. 그래서 욱하는 마음에 부모님께서 잠든 새벽에 가방을 싸서 집을 나와 버렸다고 했다. 00이에게 물었다.

"네 그 억울한 심정은 완전히는 아니지만 충분히 이해가 간다. 하지만 그런 상황이었으면 부모님이나 선생님께 도움을 요청할 수도 있었잖아."

"선생님도 안 믿어주실 것 같아서요."

00는 기어들어 가는 목소리로 대답을 했다.

"그래도 가출이 정당화될 수는 없는 거야. 그리고 지금도 네 소식 애타게 기다리시는 어머니는 무슨 죄냐?"

00는 급기야 참았던 울음을 터뜨리고 만다. 등을 도닥거리며 아무리 힘들어도 집을 나가는 것은 절대 옳은 행동은 아니라고 이야기하고 다시는 안 하겠다는 다짐도 받았다. 당장 집에 들여보내기가 걱정돼서 우리 집에서 하룻밤이라도 자고 가라고 했더니 배시시 웃으며 더 이상 엄마 걱정 안 하시게 집에 들어가겠다고 한다. 그래서 어머니께 전화를 드리고 아파트 앞에까지 데려다주고 돌아왔다. 그리고 그렇게 00이의 가출기는 해피엔딩으로 막을 내렸다.

다행히 그 이후로 00이는 다시는 가출하는 일 없이 무탈하게 학교를 마칠 수 있었는데, 졸업식 날 나는 꼭 안아주면서 '선생님 덕분에 무사히 학교 졸업하게 돼서 감사하다.'고 울먹였다. 나 역시 고맙다며 00이를 꼭 안아주었다.

지금 와서 생각해 보면 00이를 호수공원에서 만났을 때 다짜고짜로 야단을 쳤으면 어땠을까 하고 생각해 보았다. 아마도 세상에 제 편은 없다는 생각에 계속 학교 밖을 떠돌았을지도 모를 일이다. 그리고 00이한테 건넨 첫마디 "밥은 먹었냐?"가 아이를 잡아주는 데 일조하지 않았나 생각한다.

우리가 가르치는 아이들은 덩치만 컸지 아직 어린애이고 살아가는 과정에서 많은 시행착오를 하게 마련이다. 그럴 때마다 채근하고 야단을 치면 아이들은 자신이 잘못했음에도 반성보다는 반발심을 가지게 된다. 정말 괘씸하더라도 침 한 번 꿀꺽 삼키면서 건네는 다정하고 걱정어린 한 마디야말로 아이에게는 든든한 위안이 될 것이다.

지금 이 시간도 차가운 거리를 방황하고 있을 수많은 아이들에게 따듯한 말 한마디 더 해 주고, 따뜻한 밥 한 숟갈 같이 나누어 보는 것은 어떨까?

2부 슬기로운 학교생활

아프니까 청춘이다? 아니, 꿈이 있어야 청춘이다

몇 년 전, 아이들과 상담을 할 때. 계열에서 최상위 그룹에 속한 학생과의 면담. '너 장래희망은 뭐야?'라는 질문에 돌아온 답변은 경악스럽게도……'없어요.'였다.

성적 좋은 자연계 아이들은 너도나도 의대를, 그것도 정작 자신의 의지라기보다는 어린 시절부터 꾸준히 장기간에 걸쳐 세뇌 아닌 세뇌를 받고, 사교육의 온실 속에서 길러지면 가지게 된 관성과도 같은 장래희망. 이러한 영혼 없는 장래를 꿈꾸는 아이들은 과연 어른이 되어서 행복이란 것을 느낄 수 있을까?

영혼 없는 공허한 성취보다는 차라리 하루하루가 즐겁고 행복한, 그리고 하고 싶은 일을 하면서 살아가는 소소한 삶이 더 값지다는 생각이 불현듯 들었다.

그런 점에서 나의 기억 속에 강렬하게 존재하는 사랑하는 제자가 하나 있다. 그 아이가 1학년 때 독서 활동 시간에 복도를 지나가다가 우연히 창가 쪽 자리에서 무언가를 열심히 읽고 있는 학생 하나를 보았다. 책에 홀린 듯이 빠져 있는 모습이 참 보기가 좋아서 칭찬이나 한마디 해 줄 요량으로 곁에 갔다가 아이가 읽고 있는 책 제목을 보게 되었다. '독사신론(讀史新論)' 독립운동가이자 역사학자인 단재 신채호 선생이 민족주의적 사관에 입각해서 쓴 한국 고대사 역사서였다. 나도 역사에 관심이 많아 역사 관련 서적들을 두루 보는 편이었는데 고등학교 1학년 학생이 독사신론을 읽고 있다는 사실에 놀라움과 흥미가 생겼다.

"얘야, 이 책이 무슨 책인지 알고 읽는 거니?"

"네, 신채호 선생이 쓴 역사책인데요."

"잘 아는구나. 그런데 이 책은 왜 읽고 있는 거니?"

"원래 역사에 관심이 많고요, 나중에 사학과로 진학하고 싶어서 역사책들을 자주 읽어요."

나는 속으로 너무 대견하고 흐뭇해서 내가 할 수 있는 최대한의 칭찬을 아낌없이 퍼부어 주었다. 그 아이는 3학년이 되어서도 최상위권 성적임에도 곁눈질하지 않고 수시모집으로 문화재 관련 국립 특수목적대학에 지원해 합격했다. 그리고 학부와 대학원 과정을 마치고 지금은 한국학중앙연구원에서 근무하고 있다. 학창시절부터 가져온 꿈이 현실이 되고 삶이 된 제자의 모습에서 요즘 아이들에게서 찾아보기 어려운 '꿈을 향한 질주'를 보는 것 같아 두고두고 기억에 남는다.

하지만 요즘 아이들은 몸은 어떨지 모르나 미래가 아프다. 어느 철학자가 그의 저서에서 말한 '아프니까 청춘이다'란 말은 시난고난한 세상살이를 하다 보면 많은 시련과 고난에 직면하게 될 것이나 그것을 극복해가면서 더 여물어지는 청춘을 이야기하는 듯하다. 하지만 청춘은 아프면 안 된다. 행복해도 모자랄 판에 아프고 희망이 없다면 얼마나 불행한 사람인가? 진짜 청춘은 꿈이, 희망이 있어야 한다. 꿈을, 희망을 잃어버린 청춘은 살아있으되 미래에 대한 사형선고를 받은 것에 다름이 아닌 것 같다.

청춘. 아프지 말아라.
청춘. 꿈을 가져라.
그래야 청춘이다.

| 들꽃도 꽃이다 |

자세히 보아야 예쁘다.
오래 보아야 사랑스럽다.
너도 그렇다

-'풀꽃', 나태주

나태주 시인의 이 짧은 시를 처음 대한 순간 등골을 타고 이유를 알 수 없는 전율이 온몸과 정신을 세차게 두드리고 지나갔다. 그 짧은 찰나의 감동과 신선한 충격으로 잠깐이지만 나의 이지와 사고가

정지된 것이 아닌가 하는 착각마저도 들 지경이었다.

　풀꽃.
　우리 주변에 널리고 널려 있는 그리 대단하지도 유별나지도 그렇게 아름답지도 눈길을 끌지도 않는 작은 꽃.
　시인의 말대로 자세히 보아야만 보이는 꽃.
　시인의 말대로 오래 보아야만 그 진정한 아름다움을 깨닫게 되는 꽃.
　그렇다. 시인이 노래한 자세히 보아야 예쁘고, 오래 보아야 사랑스러운 그 풀꽃은 바로 내가 가르치는 아이들이었다.

　선생님 혼자서 많은 아이들을 가르치고 상대하다 보니 아이들 하나하나의 개성이나 성격을 알기가 어렵고, 심지어는 부끄럽게도 이름을 잘 기억하지 못하는 경우도 왕왕 있는 일이다. 그런 생활 속에서 이름 없는 풀꽃과 같은 그 많은 아이들은 얼마나 이 선생님의 관심과 사랑에 목말라 했을까 하는 생각이 들자 아이들을 바라보는 내 눈을 가렸던 보이지 않는 막이 하나 벗겨진 듯한 기분이었다. 그러면서 선생으로 살아온 나의 지난 시간들이 주마등처럼 스쳐 가기 시작했다. 그동안, 짧지 않은 세월 동안 내 손을 거쳐 간 수많은 아이들. 그 아이들을 떠올리며 과연 나는 얼마나 시인이 풀꽃을 바라보던 그 세심하고 사랑스러운 손길과 눈길로 아이들을 사랑하고 보듬어 주었던가를 진지하게 생각하고 반성해 보았다.

보잘것없이 길가에 먼지 묻고 비바람에 시달리는 풀꽃이라도 자세히 들여다보면 내면에 숨겨진 아름다움을 볼 수 있고, 오랜 시간을 보고 또 보면 사랑스러워지는 것처럼 내 아이들의 숨살 하나까지도 아끼고 사랑해야겠다는 생각을 해 본다.

| 노는 법을 가르치자 |

바야흐로 학원 만능시대이다. 공부도, 운동도, 그림 그리기도, 말하기와 글쓰기도, 심지어는 친구 사귀는 방법까지도 학원에서 가르치는 웃지 못할 시대가 되어버렸다.

재작년 우리 반에 체격도 그리 좋지 않은데 축구 발재간이 뛰어난 학생이 있었다. 다른 아이들과 축구경기를 구경할 때였다.

"와~!, 00이 진짜 축구 잘한다. 그치?"

라고 했더니 옆에서 다른 아이들이 웃으면서 거의 동시다발적으로,

"선생님, 00이는 축구도 학원에서 배운 앤데요."

"……"

순간, 말문이 탁 막히면서 '설마'라는 의구심이 들었으나, 나중에 우연히 지나가는 말로 물어봤더니 정말로 애들 이야기처럼 학원에서 오랜 시간 동안 배웠다고 아무렇지도 않게 말했다. 그 학생을 보면서 또 한 번 속으로 벌린 입을 다물 수 없었다.

이런 일들을 남의 이야기처럼 듣는 것이 아니라 직접 내가 가르치는 학생들의 생활이라고 생각하니 학원이 아니면 이제 아이들은 스스로 할 줄 아는 것이 과연 무엇일까 하는 의심을 할 지경에 이르렀다.

아침 일찍부터 졸린 눈을 비비고 시작한 책에 짓눌린 공부 지상주의적인 현실이 정작 우리의 아이들을 병들게 한다. 놀 시간을 줘도 노는 방법을 모른다는 현실이 의미하는 것은 무엇일까? 극단적으로 말하자면 요즘 아이들은 노는 방법도 학원이나 과외를 통해서 배워야만 가능한 아이들은 아닐까?

내가 자라던 어린 시절만 해도 누가 노는 방법을 가르쳐 주지 않아도 자연스럽게 공동체 안에서 어울리며 다양한 놀이를 통해 더불어 사는 삶을 배우고 공동의 규칙과 상대방에 대한 배려를 자연스럽게 체득했지만, 지금은 학업과 대입에만 매몰된 시대를 살다 보니 혼자서 스스로 무언가를 할 수 있는 아이들이 드물디 드물다. 더군다나 놀이라는 것이 몸끼리 서로 부대끼면서 서로를 알아 가고 친해지는 것이 중요한 목적 중 하나인데, 요즘 아이들은 운동장에서 축구나 농구를 하는 것 이에는 거의 몸을 쓰는 활동 자체가 너무 부족한 실정이다. 그래서 기껏 여유시간이 생긴다고 할지라도 아이들은 땀 흘리며 살 부대끼며 친밀감과 정을 쌓아가기보다는 인터넷 서핑, 핸드폰, 게임, 웹툰 보기와 같은 지극히 개인적이고 개별화된 반쪽짜리도 안 되는 자신들만의 놀이문화에 더 익숙하다.

우리 아이들이 우리가 바라는 이상적인 인간으로 성장해 가길 바란다면 이제는 발상의 전환이 필요한 시점이다. 대입을 위한 문제 풀이도 좋지만 그보다 아이들에게 스스로 노는 법을, 더불어 노는 법을 가르치자. 그래서 차가운 문명의 세례에 푹 절어 있는 메마른 아이들이 아닌 그래도 사람 냄새도 풍길 줄 아는 그런 아이들로 키워 내자.

잠자는 아이들

2019년 봄날 어느 교실의 흔한 풍경. 1교시 수업 시작종이 울리고 오늘도 알찬 수업을 하리라는 부푼 기대와 의지를 가지고 교실로 들어선다.

"자, 오늘은 고전 시가 중에서 규원가를 배워보도록 할게요."

작품의 핵심내용과 작가인 허난설헌과 그녀의 집안에 얽힌 이야기까지 섞어가면서 나름 지루하지 않게 태블릿이나 영상자료, 활동지 등을 활용해서 수업을 진행했다. 그러다 보면 초롱초롱한 눈망울로 열심히 경청해 주는 아이들도 있고, 하나둘씩 고개를 떨어뜨리는 아이들도 생겨난다.(심한 경우는 규칙적으로 코도 골아 준다.) 내 성격상 자는 아이들을 외면하는 것도 직무유기라는 생각에 깨우고 또 깨우고, 다시 깨우고를 반복하다 보면 어느새 시간이 훌쩍 지나간다. 선생님은 하나라도 더 가르칠 생각에 작품을 달달 욀 정도가 돼서 수업에 들어가는데 웬걸 아이들은 나의 이 카랑카랑한 목소리를 자장가 삼아 푸근하게도 잘 잔다.

수업시간에 자는 아이들……

교사로서의 나의 자질 부족인가? 아니면 아이들의 철없음인가? 대략난감이다. 휴~~~

교직 생활이 20년이 넘었지만, 아직도 수업 진행이 어려운 시간은 뭐니 뭐니 해도 1교시와 5교시일 것이다. 아침 시간은 아침 시간대로 잠이 아직 깨지 않아서, 5교시는 5교시대로 점심시간 이후에 몰려드는 식곤증 때문에 자기 몸도 제대로 가누지 못하는 것이다. 실신 상태에 이르는 아이들을 다독이고 야단도 쳐 가면서 수업을 하지만 수마의 유혹을 뿌리치지 못하는 아이들도 제법 된다. 졸고 있는 아이들을 세수도 시켜 보고, 책을 들고 교실 뒤편으로 내보내기도 하고, 야단을 치거나 타이르기도 하면서 수업을 이끌어가지만, 시간이 흐를수록 힘들다는 생각이 새록새록 샘솟는다. 그렇다고 조는 아이가 생길 때마다 수업의 흐름을 끊을 수도 없으니 답답하고 미칠 지경이기까지 하다.

그래서 수업시간에 상습적으로 잠을 자는 아이들 몇몇에게 밤에 하교 후에 잠잘 때까지 뭘 하는지, 언제 잠을 자는지 물어보면 대답은 천차만별이지만 공통적인 것이 있다. 수업시간에 자는 아이들의 대부분은 하교 후에 자정 무렵, 또는 그 이후까지 핸드폰을 하거나,

웹툰이나 동영상을 보거나, 컴퓨터 웹서핑을 많이 한다고 한다. 그러다 보면 새벽 한두 시 넘기는 것은 예사이니 만성적인 수면 부족으로 인해 학교에 와서도 제대로 된 생활을 하기가 어려울 수밖에 없는 것이다. 아이러니하게도 인간이 인간의 편리함을 위해 만들었던 문명의 이기들이 우리 아이들의 시간을, 건강을, 미래를 잡아먹고 있는 상황인 것이다.

몸에 밴 습관은 단시간 내에 고치기 어렵다는 것은 자명한 사실이다. 수업시간에 자는 아이들, 선생님의 수업 준비와 노고를 몰라줘서 서운하기도 하고 밉기도 하지만 그럴수록 선생님은 아이들을 더 깨워야 한다. 선생님의 진심이 아이들의 가슴에까지 가 닿을 수 있도록 깨우고 또 깨워야 한다. 귀찮을 수도 있다. 얄미울 수도 있다. 화가 나기도 한다. 그러나 그런 아이들마저도 보듬어서 안고 가야 하는 것이 선생님으로 살아가는 우리의 숙명이 아닐까?

| 질문이 있는 교실 |

근래에 교육청을 중심으로 강조하는 교실수업의 지향점은 '질문이 있는 교실'이다. 그러나 정작 교실 현장의 현실은 질문은 없이 교사가 이끌어가는 수업이 많은 편이다. 심지어 수업 끝물에 하는 질문은

죄악이라는 학생들 사이의 암묵적 동의라도 있는 것 아닌가 하는 의구심까지 들 정도이니 말이다.

물론 아이들의 수업 집중을 위해 다양한 방법을 나름 강구하기도 한다. 태블릿을 이용해 수업을 하거나 선생님 개인 블로그나 카페를 활용한다거나, 영상물에 익숙한 요즘 아이들의 특성을 고려해서 다양한 영상자료를 활용한다거나 등등……. 하지만 아이들의 수업집중도는 수업 중반을 채 못 넘기고 하나둘 조는 아이, 딴짓하는 아이, 넋 놓고 있는 아이가 생겨난다. 그럼에도 불구하고 열심히 혼신의 힘을 다해 수업하고 나서 마지막으로 아이들을 바라보며 이야기한다.

"오늘 수업은 여기까지 할게요. 혹시 오늘 수업내용 중에 질문 있는 사람?"

말이 끝나자마자 아이들의 시선을 아래로 급전직하를 한다. 마치 어서 끝내라는 침묵시위를 하는 것처럼. 그리 오랜 시간은 아니지만 아이들의 질문을 기다리는 그 시간은 찰나의 영원과 같다는 생각이 왕왕 들곤 한다.

아마도 상당수의 선생님이 느끼는 교실의 모습일 것이다. 나 역시 아이들의 자발적인 질문을 바라고 또 바라는 사람이지만 언제나처럼 침묵으로 응답하는 아이들의 내리깐 시선을 바라보며 터덜터덜 교실문을 열고 나올 뿐이다.

나의 욕심일 수는 있겠으나 수업을 받고도 질문이 없는, 의욕도 없는, 패배자의 모습 같은 저 아이들을 수업의 한가운데로 끌어들일 묘수는 없을까 늘 고민하고 또 고민한다. 분명 한 시간 분량의 수업내용을 완벽하게 이해할 수 있는 아이들은 그리 많지 않을 것이다. 그렇다면 왜 아이들은 모르는데도 질문을 하지 않을까? 아마도 질문을 하고 싶어도 주변 친구들 눈치가 보여서 못 하는 학생들이 상당수 있을 거라고 생각한다. 특히 점심시간과 맞닿아 있는 4교시라면 더 말할 필요가 없다. 그러는 과정에서 학생들은 스스로자 자의든 타의든 수업의 타자가 될 수밖에 없고 의도치 않게 학급 내에서의 강요된 평균인의 삶을 자연스럽게 몸에 익히게 되는 것이다.

어떻게 하면 아이들이 친구들 눈치 안 보면서 자신이 이해하지 못한 수업내용에 대해 스스럼없이 질문할 수 있을까? 요모조모 궁리에 궁리를 거듭한 끝에 이러한 시도를 해 보았다.

수업이 끝난다. 수업내용에 대해 질문이 없는지 상냥한 미소를 띠며 물어본다. (물론 표정은 자연스러워야 한다.) 아마도 아이들은 언제나처럼 시선을 내리깔며 침묵하고 끝동을 기다릴 것이다. 이제부터가 중요하다. 아이들의 질문이 없어도 예의 그 상냥한 웃음 가득한 얼굴로 아이들은 하나씩 찬찬히 마주 본다. 아이들이 대답을 안 해도 끝까지 기다린다. 겉으로는 의연한 대인배의 얼굴로 여유를 부리지만 정작 마음속으로는 한 놈만, 한 놈만 간절히 바라면서 끝까지 기다린다. 그러면 아이들은 시계를 연신 쳐다볼 것이다. 그래도 기다린다. 그러다, 그러다 정말 한 아이가 어설프게 손을 들어서 질문을 한다.
'야호~! 걸렸다!'

그 아이의 질문이 너무나 수준 낮고 허접한 질문이라도 이것이 내 인생의 마지막 질문이라는 절박함을 가지고 열과 성을 다해 답변을 해 준다. 그런 시도를 매시간 여러 번 반복한다. 이러한 시도와 상황이 반복되고 그때마다 한결같은 태도로 아이들의 질문에 TMI(Too Much Infomation)를 능가하는 답변을 해 주면 아이들의 뇌리에는 '아, 이 선생님은 우리들의 질문을 진짜로 받아주고 더 가르쳐 주려고 하는 사람이구나'라는 인식이 자리를 잡게 된다. 그러다 보면 어느 순간 조금씩 조금씩 아이들의 말문이 터지다 나중에는 감당할 수 없으리만치 성대한 질문의 향연이 벌어질 수도 있다.(물론 나의 희망 사항이다.)

이때 주의해야 할 것은 질문과 소란을 잘 구별해야 한다는 점. 선생님은 수업의 길라잡이로서 수업시간에 이루어지는 모든 행위를 이끌고 조절하고 중재하는 사람이라는 점을 명심하고 적절하게 지도를 해야 함을 강조하고 싶다. 이렇게 시간이 흐르다 보면 수업시간에 이루어지는 질문과 답변은 더 이상 주변의 눈치를 보거나 부담스러운 것이 아니게 되고 일상이 되어 간다.

작고 소소하지만 이러한 작은 변화를 위한 노력과 다양한 시도, 기다림, 혼을 담은 감동 어린 답변. 이것이야말로 질문이 있는 교실, 학생주도 수업의 첫걸음이다.

| 눈높이를 낮추면 비로소 보이는 것들 |

올해 수업 중점목표 중 하나를 학생들이 자발적으로 참여하는 수업으로 설정하고 '한 학기 한 권 읽기 프로젝트'를 중점과제로 삼았다. 워낙 책 읽기를 안 좋아하는 학생들이 많아서 한 학기 동안 한 권이라도 제대로 읽어보자는 생각에서 시작하게 되었다.

막상 책 읽기 프로젝트를 시작하려고 하니 왜 이리 준비해야 할 것들이 많은지. 프로그램을 구안하고 프로젝트 수업용 포트폴리오 양식을 만들고, 사전 예행연습도 해 보고…… 만반의 준비(?)를 갖춘 후에 '한 학기 한 권 책 읽기 프로젝트'를 시작했다.

먼저 학생들이 읽을 책을 한 권씩 선정하도록 안내했다. 급작스럽게 고르면 나중에 교체하거나 좋은 결과물을 기대하기 어렵기 때문에 어느 정도 책을 선정할 수 있는 시간을 부여했다. 회차별로 읽을 범위를 설정하고 단계적으로 책을 읽고 인상 깊었던 대목을 찾아보거나 다양한 형태의 약식 감상문을 써보게 했다.

처음엔 낯선 수업방식에 잘 적응하지 못하는 학생들도 있었지만, 시간이 흐를수록 수업 참여도가 좋아졌다. 특히나 교과서나 참고서가 아닌 자신들이 좋아하는, 그리고 직접 고른 책들을 수업시간에 읽고 감상평을 써 보는 일련의 과정들이 낯섦 속에서 즐거움을 느끼는 것 같았다. 처음엔 두서없이 거칠게 쏟아내던 감상평들이 회차를 거듭할수록 조금씩 정제되고 자신들만의 색깔들을 드러내고 있음이 느껴졌다. 그리고 학생들이 제출한 포트폴리오를 하나하나 꼼꼼히 읽어보다가 놀라운 사실을 발견하게 됐다. 평소 수업시간에 발표를 시키거나 책을 읽혀보면 너무나도 어눌하고 소심하게 말하던 학생이 제출한 감상평을 읽어보다가 무릎을 '탁' 치고 말았다. 레이철 카슨의 명저 '침묵의 봄'을 읽어가면서 책 속에서 경고한 환경오염으로 인한 재앙을 현시점의 다양한 환경오염 문제와 연관 지어 논리정연하게 풀어내고 있었고, 심지어는 자신이 구상한 해결방안까지 제시하고 있는 것이 아닌가?

그때까지 내 눈에는 더없이 소심한, 그래서 자기 의사 표현마저도 서투르다고 생각했던 학생이 글을 통해서 자신의 숨겨진 가치를 드러내고 있는 글을 읽으면서 아직도 선입견을 가지고 학생들을 바라보고 있었던 나 자신이 부끄러웠다.

'아, 너란 사람 선생 되기에는 아직도 많이 부족하구나.'

그리고 그런 학생들이 생각보다 많다는 사실에 또 한 번 놀랄 수밖에 없었다. 서툴러서, 부끄러워서 자신의 이야기를 하지 못하는 아이들이 웃기는 말로 멍석을 깔아줬더니 한없이 활개 치며 놀고 있는 모양새가 아닌가? 길가의 들꽃 같고 풀꽃 같은 아이들에게 이처럼 보석 같은 능력이 숨겨져 있다는 것을 나는 왜 이제야 깨달은 것일까?

부끄러운 고백이지만 그래도 기쁘다. 작은 경험이지만 '한 학기 한 권 읽기 프로젝트' 수업은 학생들에게는 낯설지만 자신의 소중한 가치를 발견할 수 있는 기회였고, 나에게는 나도 깨닫지 못하고 있었던 학생들에 대한 선입견을 걷어낼 수 있었으며, 이를 통해 학생들의 숨겨진 진면목을 발견하고, 선생으로서 부족했던 내 자신을 되돌아볼 수 있는 수업이었다.

눈을 낮추고 선입견을 벗어 던지니 비로소 학생들이 보였다.

| 나무가 아닌 숲을 보라 |

고전소설 〈홍길동전〉의 수업이 한창인 교실의 한 장면.

선생님 : ……이렇게 적서차별이라는 사회적 모순에 저항하고, 활빈당 활동으로 백성을 구제했던 홍길동전의 마지막은 어떻게 될까요?
학생 : 율도국으로 떠나요.
선생님 : 율도국으로 떠난 후에는요?
학생 : 선생님, 그게 끝 아닌가요?

이 글을 읽는 분들께 '홍길동전의 결말 부분은 어떻게 끝날까요?'라는 질문을 똑같이 던져 본다. 아마도 위의 학생이 답한 내용처럼 주인공인 홍길동이 임금으로부터 병조판서의 벼슬을 제수받고 율도국으로 떠나는 장면에서 끝날 것이라고 대답하는 사람들이 많으리라 생각한다. 그렇다면 정답은? '아니다'이다. 허균의 국문소설 '홍길동전'의 결말은 홍길동이 율도국으로 건너가서 지하세계의 괴수를 물리치고 가정을 꾸리고 율도국을 정복하여 왕이 되어 선정을 베풀다가 죽는다는 내용이다.

수업을 하면서 항상 느끼는 아쉬움 중 하나가 학생들이 공부를 하면서 문제집이나 참고서에 수록된 작품 위주로만 본다는 것이다. 그러다 보니 내용이 상대적으로 긴 소설, 그것도 고전소설의 경우 같은 작품이라 할지라도 기존에 풀어봤던 부분 이외의 내용이 출제되면 전혀 다른 작품으로 인식하는 경우도 많고, 거기에서 상당히 많은 난관을 경험한다고 한다.

그렇다면 이러한 문제점은 어디서 기인한다고 볼 수 있을까? 이것은 아마도 고등학교 교육과정에 대입을 염두에 두고 구성된 데다가 수능에서도 EBS 연계 출제율이 과도하게 높다 보니 나타나는 현상이지 않을까 싶다. 지금은 거의 교과서와 동격으로 취급받는 EBS 교재에서 많이 출제된다고 하니 선생님이나 학생 모두 EBS 교재에 나온 작품 위주로 공부를 하게 됨은 당연지사일 수밖에 없다. 그러다 보니 작품 전체를 보기보다는 교재에 나와 있는 주요 부분 위주로만 공부하고 달달 외는 공부를 하게끔 만들어 버리는 것이다. 그런 상황이니 학생들이 자기 주도적으로 고전 작품 전체를 읽고 내용을 숙지한다는 것은 상상도 못 할 일이 되어 버린 것이다.

물론 작품 전체를 다 읽고 내용을 파악하는 것만이 가장 훌륭한 방법이라는 이야기는 아니다. 다만 작품을 제대로 이해하고 작품 중 어떤 부분에서 지문이 발췌되어 출제되더라도 전체의 흐름을 알고 있다면 지문분석이나 문제 풀이에 있어서 더 많은 도움이 되지 않을까 생각하는 것뿐이다. 그래서 나는 평상시 수업을 할 때 교과서나 교재에 나온 작품을 분석하기 전에 문학사에 대한 수업을 두어 시간 정도 배정해서 작품이 속한 장르의 개념, 주요 작품, 작가와 시대 정서, 시대복합 개념에서의 연관 작품 제시 등의 사전 배경 지식 수업을 진행한다.

작품 하나를 분석하더라도 작품의 특징, 주제, 전체적인 내용 전개, 작가의 특징, 작품이 출현한 시대적 배경 등을 간략하지만 꼼꼼하게 짚어준 후 내용설명에 들어간다. 그리고 나서 수능과 관련해서 기출된 부분이 어떤 형태로 출제되었고, 또 재출제 될 경우 어떤 유형으로 변형되어 출제될 수 있는지, 연계해서 봐야 할 문학, 비문학 지문은 무엇인지까지 광범위하게 수업한다. 그리고 다른 작품을 수업하면서 자연스럽게 예전에 수업했던 내용과 연결해서 질문하거나 발표를 시켜 봄으로써 수업내용에 대한 학습 확인까지 하는 방식을 활용하고 있으며, 방과후학교 수업을 통해 세부 영역별로 심화된 내용을 수업해 줌으로써 학생들의 개인차에 따른 학습성취도 고려하여 수업을 진행하고 있다.

　내 개인적인 경험과 사견임을 전제로 말하자면 수업내용구성은 단순하게 수능 대비나 내신 대비용 단순 작품분석 및 문제 풀이에 그칠 것이 아니라 거시적인 관점에서 학생들의 배경 지식을 최우선으로 강화하고 이를 토대로 세부적인 작품분석과 학생 중심 수업 과정을 통해 자기 주도적으로 지식의 외연을 확장해 나아갈 수 있도록 설계하고 진행해야 하며 반드시 피드백을 통한 보완을 하는 것이 바람직하다고 본다. 그래야만 학생들이 수업시간에 배운 작품들을 그냥 입시용으로만 여기고 잊어버리는 것이 아닌 평생을 함께할 감동과 교훈을 얻을 수 있는 의미 있는 시간이 될 것으로 생각한다.
　가장 성공적인 수업은 한 그루 한 그루 나무를 바라보는 것보다는 숲 전체를 바라볼 수 있는 힘을 길러 주는 것이어야 한다.

│시험 끝, 스트레스 시작│

"딩\동／댕\동／~!"
"와, 끝났다~~~~~~~~~~~~~!"

　드디어, 드디어 시험이 끝났다. 즐겁냐고? 아니, 절대 안 즐겁다. 이제부터 짧지만 강한 채점이라는 인고와 스트레스의 시간이 남아있기 때문이다. 현직에 있는 선생님들에게 시험출제와 채점은 굉장한 스트레스 요인으로 작용한다. 더구나 예전에 비해 시험출제 요건이 굉장히 까다로워진 데다가, 요즘엔 서술형 평가 비중이 많이 늘어나서 학생들의 서술형 답안지 채점하는 일도 여간 만만찮은 일이 되었다.

서술형 평가 비중이 높아지다 보니 채점기준표 작성이 더 까다로워졌고, 채점 중에도 정답이나 부분점수 인정 등의 사례가 추가되는 까닭에 시험 끝난 후의 채점은 선생님들에게 측정 불가의 스트레스를 안겨 준다.

학생들에게 이야기할 때는 입버릇처럼 '채점은 피도 눈물도 없이'라고 하지만 정작 학생들이 써 놓은 답안을 보면 정답인 것 같기도 하고 아닌 것 같기도 하고 출제자인 나마저도 애매모호한 답안들을 종종 볼 수 있다. 이런 경우는 정말 대략 난감한 상황이 된다. 점수를 주자니 채점기준표와는 배치되고, 안 주자니 학생의 갸륵한 노력이나 정답과의 유사성도 배제할 수 없고. 아마도 많은 선생님들도 이러한 고민을 겪고 있으리라 생각한다. 참 어렵다. 그래도 최대한 부분점수라도 부여할 수 있는 부분이 있으면 고려를 하고, 판단이 잘 서지 않는 부분은 같은 교과 선생님들과 협의를 통해 최종적으로 점수 부여 여부를 결정하기도 한다.

이런저런 과정을 거쳐 채점을 마쳤다. 끝인 건가? 절대, 절~대 아니다. 채점을 마치면 이제 학생들에게 점수를 확인하는 절차를 거쳐서 최종적으로 성적처리를 해야 한다. 그런데 이 과정이 무척이나 신경을 곤두세운다. 대체로 부여된 점수에 대해서는 이의제기가 없는 편이지만 간혹 자신의 답안을 인정해 달라고 떼(?)를 쓰는 학생들도 있기 때문이다. 이런 경우에는 채점기준표와 학생 본인의 답안을 비교해 가면서 점수부여에 대해 충분히 설명해 주지만 그래도 수긍을 못 하는 학생들이 종종 있어서 애로사항이 제법 많다.

  문제는 그 정도 수준에서 상황이 정리되면 다행이지만 요즘에는 학부모들도 성적에 관심이 많아 시험문제 관련해서 학교로 항의성 전화를 하는 경우도 종종 있는 일이다. 담당 과목 선생님이나 학년 부장 선생님은 물론이거니와 심지어는 교장실에까지 전화해서 항의하기도 한다. 학부모의 입장에서는 자녀의 대입이 걸려있기 때문에 당연히 항의할 수도 있다고 생각하지만 정당한 근거에 의해서 채점을 하고 채점기준표를 제시했음에도 불구하고 막무가내로 항의를 하거나 심지어는 재시험 요구까지 스스럼없이 하는 경우도 있다. 게다가 최근에는 인터넷 사용이 활발해지다 보니 학생들이 시험에 대한 불만 사항을 담당 선생님이나 학교에 제기하지 않고 곧바로 교육청이나 국가인권위원회, 청와대 신문고에까지 게재해서 상황에 대한 해명이나 사후처리를 하느라 곤혹을 치른 경우도 몇 번 있다. 더 심한 것은 학생이 수강하는 학원 선생님을 통해 학교로 항의성 문의가 들어오는 경우이다. 나 역시 몇 년 전에 그런 유의 항의성 문의를 받은 적이 있는데 전화를 한 학원 선생님을 이해시키기 위해 대학 전공

서적까지 다시 뒤져보고 시중에 판매되는 대다수의 참고서까지 다 들춰보면서 설명해 주기까지 한 적이 있다. 전화를 끊고 나서 약간의 허탈함과 서운함이 밀려왔다. 자신의 아이를 가르치는 선생님을, 학교를 믿지 못하고 학부모 본인이, 아니면 학원 선생님을 통해서 항의를 하는 이 세태가 선생님으로서의 자존감을 여지없이 짓밟히는 것 같아 씁쓸하기만 했다.

　물론 학생이나 학부모 입장에서는 대입을 치르기 위해 내신이 무엇보다 중요하다는 것을, 그러기 때문에 자투리 점수일지라도 챙기고 싶은 그 심정을 선생님도 학교도 잘 알고 있다. 그러기 때문에 정해진 기준과 절차에 따라 채점을 하고 두 번, 세 번 학생들에게 확인시키고 세세하게 설명까지 하면서 최대한 공정하게 채점을 하고 있다. 그런 선생님들의 고민과 노고를 알아달라는 것은 아니다. 항의성 문의를 하지 말아 달라는 것은 더더욱 아니다. 적어도 학교와 선생님들은 학생들을 평가함에 있어 한 치의 어긋남 없이 공정하게 평가하고 있다는 것은 유념해 주길 바랄 뿐이다.

| 국어 수업에 대한 단상 - I Have A Dream |

　나는 고전문학 전공자이다. 오래된 우리 선인들의 말과 글에서 그들의 삶의 흔적을 더듬고, 그들의 풍류와 아름다움을 배우는 학문이다. 학생들에게 고전문학이란 오래된 글, 오래된 생각, 이해하기 어려운 한자와 옛말들의 향연.

고전을 가르치는 우리들은 나름 여러 가지의 방법을 구안해 보지만 여전히 아이들에게 고전은 어렵고 따분하지만 수능을 위해서 공부해야만 하는 것인 것 같다. 그리고 교실에서 이루어지는 고전 수업은 기껏해야 태블릿이나 동영상 자료를 돌려가며 아이들에게 찰나의 흥미라도 북돋워보려고 발버둥 치는 교사의 눈물겨운 전투다. 문학적 감성이 아닌 수능을 위한 지식으로 가르치고 배우는 교실 문학의 한계를 너무나 자주 몸으로 마음으로 느끼곤 한다.

이런 생각을 해 본다. 광주를 중심으로 담양, 나주, 화순, 장성은 조선조 고전문학의 산실이자 보고이다. 우리가 아이들에게 가르치는 수많은 시조와 가사 작품들이 이 땅에서 만들어지고 불려왔다.

오래전 다른 학교에 근무하고 있을 때 고전답사반을 운영하면서 주말이나 방학을 이용해 가까운 곳에 있는 고전문학 관련 유적들을 답사해 보는 프로그램을 운영해 보았다. 보길도에서 윤선도의 문학을 음미하며 동천석실 나무 그늘을 천천히 거닐었고, 면앙정에서 노래 가사만을 나눠주고 아무 말 하지 않았음에도 저절로 작품을 이해하던 아이들, 식영정에 올라 성산별곡을 나눠주며 오백 년 전과 지금의 지실천을 바라보는 감회를 재잘거리며 이야기하는 것을 곁에서 지켜보면서 살아 있는 수업은 현장성을 바탕으로 하는 수업이어야 한다는 확신을 가지게 되었다.

어렵고 불비한 여건이겠지만 교과목의 특성을 살리고, 아이들이 스스로 이해하고 익히는 수업을 위해서라도 교실 밖으로 나가자. 교실 밖 수업에 어쩌면 우리가 지향해야 할 미래의 교실이 숨어 있을지도 모를 일이다.

| 또 한 번의 입시전쟁, 수시를 마치고 |

또 하나의 전쟁 같은 수시를 마쳤다. 해마다 되풀이되는 일상이지만 영혼과 육신이 피폐해져 가는 고된 하루하루. 작년에 담임했던 아이들이 통사정해서 그러마 하고 승낙했던 게 지뢰밭에 발을 들여놓는 것일 줄이야. 게다가 군대 다녀온 졸업생까지. 거의 2주 넘게 수업하랴, 자기소개서, 추천서 지도하고 쓰느라 눈가에 다크서클이 예쁘게 내려앉는다.

오늘 새벽까지 마지막 아이 자기소개서 수정해서 이메일 보내고 나서 한동안 현기증 때문에 책상 위에 널브러져 있었다. 어제 너무 힘에 부쳐서 병원서 링거 맞고 온 보람도 없이 유체이탈에 가까운 상태라고나 할까.

해마다 너무 힘겨운 전쟁 같은 시기인지라 거절하고도 싶지만 아이들 대학 가는데 안 도와줄 수도 없고, 나 역시 자식 키우는 부모 입장인지라 어렵게 부탁하시는 부모님들 외면하기도 그렇고.

자소서 수정보고 추천서 쓰면서도 과연 아이들은 저희 선생님이 새벽잠 설쳐가며 고생하는 거 1%라도 알기는 할까 하는 생각도 들고. 나 편해지자고 마음먹으면 눈 질끈 감고 '내가 네 담임도 아닌 데 써주기 어렵다'라고 해도 될 것을 미련하게 꾸역꾸역 쓰고 있는 나의 이 근원 모를 오지랖은 무슨 연유인지……

천상 뼛속까지 선생 팔자인가 보다 하고 운명으로 받아들일 밖에.

나는 이 땅 대한민국의 선.생.님이다.

| 가라! 줄 세우기 - 행복은 성적순이 아니잖아요 |

4%, 7%, 12%, 17%, 20%, 17%, 12%, 7%, 4%.
좌우대칭을 이루는 이것의 정체는 무엇일까? 바로 고등학교에서 학생들의 내신등급을 산출하는 기준비율이다. 내신등급을 산출하기 위해서 학생들은 중간고사와 기말고사, 수행평가 등을 쉼 없이 치러

야 한다. 이를 통해 그 학생의 학기별 성적이 등급별로 산출되고 이것이 3년간 모여서 대학입학을 위한 내신성적이 되는 구조이다. 그리고 이러한 내신성적은 1등부터 꼴찌까지 학생들을 줄 세우는 가장 확실한 자료가 되기도 한다. 따라서 조금이라도 더 나은 등급을 받기 위해 학생들은 죽기 살기로 공부에 매달릴 수밖에 없는 성적 지상주의와 하나의 독립된 인격체로서 더불어 살아가는 방법과 인성을 배워야 할 중요한 시기에 이미 다른 사람을 눌러야만 살아남을 수 있다는 무한경쟁의 비정함에 길들여가고 있다.

즉 입시 위주의 현행 교육시스템에서 가장 문제시되는 것 중 하나가 성적 줄 세우기인 것이다. 그로 인한 부작용 사례도 많이 나타나고 있다. 최근 언론 보도에 따르면 모 고등학교는 학생들을 성적별로 우열반을 편성해서 우수한 학생들에게는 다양한 혜택과 양질의 교육 프로그램을 제공하는 차별적 우대정책을 펴다가 적발됐다. 그리고 학년 부장교사가 주도해서 상위권 학생들의 성적을 조작하거나 교내상을 몰아주는 식으로 거의 해마다 성적조작이나 시험부정을 저질렀다는 등의 낯부끄러운 사건들이 터져 나오고 있다.

무엇이 학문과 인생을 배우고 가르쳐야 할 학교를 이렇게 병들게 만들었을까? 아마도 대학입시를 사회적 지위와 경제적 부를 획득하기 위한 징검다리로만 여기는 세태 때문이지 싶다. 좋은 대학, 좋은 학과엘 가야 출세할 수 있다는 뿌리 깊은 성적 중심의 출세 지향 주의가 지금 우리 아이들을 성적과 경쟁의 벼랑 끝으로 몰아넣고 있는 것이다. 자신이 좋아하는 것을 선택하고 자신의 미래를 개척해 나가는 것보다는 유명대학 인기학과에 진학해서 돈 잘 벌고 사회적으로 인정받을 수 있는 직업을 선호하는 쪽으로 변하다 보니 자연스럽게 성적을 통한 줄 세우기가 당연하다고 생각하게 되어버린 것이다.

성적을 통한 줄 세우기는 학생들에게 더불어 살아가는 삶의 참다운 의미를 배우게 하는 것 대신에 어려서부터 경쟁과 쟁취라는 무서운 약육강식의 논리를 아이들에게 주입하는 무한경쟁 롤러코스터일 뿐이다. 이러한 경쟁체제 속에서 생활하는 학생들은 과연 얼마나 행복할까?

서열화된 자신의 성적을 보면서 어떤 학생은 성취욕을 느끼고 경쟁심을 불태울지는 몰라도 그보다 많은 학생들은 자괴감과 좌절감에 빠지게 된다. 아무리 노력해도 넘어설 수 없는 성적의 벽은 대학이라는 관문을 열고 나아가는 데 일차적인 걸림돌이 되고 있고, 이것은 대학의 서열화를 시작으로 사회의, 사회계층의 서열화를 가져오는 원흉이 된다. 그리고 학창시절부터 뿌리 깊게 자리 잡은 서열의식은 사회에 나아가서도 직업선택과 경제적 풍요로움을 결정하는데 결정적 조건으로 작용하는 것이 현실이다.

학교에서 학생들의 학업성취를 파악할 수 있는 평가는 반드시 필요하다. 하지만 그 평가가 학생들을 성적으로만 줄 세우고, 대입을 결정짓는 중요 척도로 활용된다거나, 그런 것들이 쌓여서 결국 학생의 삶을 재단하는 잘못된 인생 설계도가 되어서는 안 된다. 그리고 줄 세우기는 더 이상 우수한 학생을 가려내고 좋은 대학에 보내기 위한 수단이 되어서는 안 되고, 사회적 지위와 경제적 부를 획득하기 위한 수단으로 전락해서도 안 되며, 성적이 낮은 아이들을 도태시키는 도구가 되어서는 더더욱 안 된다.

설령 성적으로 인한 서열화가 불가피하더라도 성적 결과를 바탕으로 하는 줄 세우기는 학생들의 서열화가 아니라 다소 부족한 아이들, 더 보듬어야 할 아이들을 가려내는 데 사용되어야 한다. 그 아이들을 적절하게 지도하고, 학생 개개인의 수준이나 성취, 학업 흥미에 따른 특성을 파악하고 학생 개개인에게 가장 최적화된 수업을 제공해 줌으로써 그 누구도 차별당하거나 버림받지 않고 모두가 존중받고 즐겁고 행복한 학교가 될 수 있도록 하는 것이어야 한다.

| 의대 지상주의 시대 |

2014년 신입생 가운데 기억에 남았던 학생이 하나 있다. 이 학생은 원래 과학고 진학을 목표로 했었는데 여러 가지 이유로 과학고 진학을 포기하고 일반계 고등학교로 진학해서 우리 학교에 배정되었다. 입학 때부터 워낙 탁월한 성취수준을 보이는 학생이라 모든 선생님의 관심 대상이 되었다. 그리고 이 학생 역시 다른 아이들과 다르지 않게 자연계로 가서 의대에 진학하겠거니 생각했는데 학생의 희망진

로는 통계 분야였다. 특별한 이유가 있는지 물었을 때 그 학생의 답변이 아직도 생생하다. 자신은 어려서부터 통계를 좋아해서 통계 관련 책들도 많이 보고 경제신문까지 구독했다고 한다. 그런데 어느 순간 자신을 보니 특목고 입시 반에서 정신없이 공부하고 있더란다. 아직 어린 중학생이었지만 나름 자신의 장래에 대해 진지하게 고민해 보고 난 후, 부모님께 말씀드려 특목고 진학을 포기하고 일반계고로 진학했다고 한다. 그래도 혹시 의대 쪽에 관심이 있지 않으냐는 나의 질문에 단호하게 아니라고 대답하던 그 학생, 결국 3년 내내 우수한 성적으로 마무리하고 자신이 가고자 했던 통계학과로 진학했다.

우리 학교는 주변에서 나름 의대 진학을 잘하는 학교로 알려져서 의대 지망생들이 많이 지원하는 편이다. 특별한 관리요령이나 프로그램이 있는 것은 아니지만 선생님과 학생이 다 같이 노력해서 좋은 결과를 만들고 있다.

1학년 신입생 중 최상위권 학생들을 대상으로 장래희망을 조사해 보면 거의 다가 자연계 쪽은 의대를 지망하고 있고, 인문계 쪽은 여전히 취업이 잘 되는 상경계열이나 교육계열이 강세를 보인다. 게다가 성적상위권 학생들의 자연계 쏠림현상은 심각할 정도이다. 상위권 학생들이 대부분 의대를 지망하기 때문에 계열선택에서도 자연스럽게 자연계 쏠림이 발생할 수밖에 없는 구조이다. 그런데 자연계에서도 의대 이외의 학과는 화생공 분야를 제외하고는 비인기학과가 다수를 차지하고 있다. 자연계가 이 정도인데 인문계 쪽은 안 봐도 뻔할 정도이다. 오죽했으면 '문송'이라는 자조적인 신조어가 나왔을까?

물론 의대를 지망하는 학생이나 학부모의 선택이 잘못됐다는 것은 아니다. 아주 오래전부터 의대를 지망하는 학생들도 분명히 많다. 그래서 고등학교 지원 시에도 중요한 고려사항이 되고 있는 것이다. 그리고 자발적 지원자 못지않게 타의에 의한 선택도 적지 않다. 그냥 타성에 젖어 성적 좋으면 당연히 자연계열을 선택하고 또 자연스럽게 의대를 지망하는 경우가 적지 않은 실정이다. 더군다나 IMF 이후 급격한 사회변동을 겪는 과정에서 학생 개개인의 적성과 특기를 살린 진학 및 진로지도나 순수학문연구보다는 직업적인 안정성이나 사회적, 경제적 지위 획득을 중요시하는 쪽으로 생각들이 바뀌다 보니 자연스럽게 의대를 지망하는 학생들이 많아졌다고도 할 수 있을 것이다.

어떤 사람들은 의학 계열 직업이 앞으로 인공지능이나 과학기술의 발달에 따라 점차 쇠락하거나 소멸할지도 모른다는 비관적인 전망을 하고들 있지만 그러한 암울한 미래에 대한 예측도 지금 현실의 의대 지상주의를 꺾어놓지 못하고 있다.

나는 이러한 의대 지상주의의 문제점을 어느 한쪽의 탓이라고 매도해서는 안 된다고 생각한다. 학생이나 학부모의 입장에서는 경제적, 사회적으로 인정받는 장래가 안정적인 직업을 가지고 살아가기를 원하는 것은 당연하다. 그러므로 의대 지망을 무조건 나쁘다고 할 수 없는 것이다. 그러나 상위권 학생들이 너도나도 의대만을 지망하게 되면 장기적으로 보면 순수학문, 기초과학 분야의 침체는 불 보듯 뻔하며 우리 사회의 미래를 위해서도 심각하게 재고해야 할 문제이다.

의대 지상주의를 벗어나 학문적 다양성과 학생이 행복한 삶을 누리게 하기 위해서는 학교가, 학생이 변해야 한다. 의대 진학도 좋지만, 자신의 적성과 희망에 맞는 진로선택이 무엇보다 중요하고, 그런 진로선택을 위한 학교의 다양한 프로그램 개발과 교육과정에의 적용이 필수적이다. 물론 학교현장에서 학생들이 요구하는 모든 교과를 설강하기는 현실적으로 어려우나, 창의적 체험활동, 진로 활동, 동아리 활동 등을 통해 다양한 진로에 대해 탐색할 수 있도록 해 주는 것이 중요하다. 그래야 최상위권 학생 중에서 의대가 아닌 문사철과 같은 순수학문, 기초과학 분야에 자신의 삶을 걸고 매진할 사람들이 많이 나오게 될 것이고, 이러한 분위기가 자리 잡는다면 학생들은 보다 더 다양한 진로를 통해 자신의 삶을 알차게 채워 나갈 것이라고 확신한다.

온정과 공정의 딜레마

학교생활기록부를 쓸 때마다 하게 되는 고민 중 하나가 기록내용의 온정과 공정 사이에서의 고민일 것이다. 학생의 장래를 생각하자니 부정적인 표현들을 쓸 수도 없고, 있는 그대로 쓰자니 당장 코앞에 닥친 대입이나 장래의 취업에 악영향을 미칠 수도 있을 것 같고. 그래서 대체로 적정 수준에서의 자기검열과 타협을 통해 되도록 좋은 방향으로 써 주려고 하게 된다. 그러다 보니 학교생활기록부에 기록되어 형상화되는 학생의 모습은 모범적이고 사리 분별이 밝은, 그리고 타인에 대한 이타심과 봉사 정신으로 가득한, 학업과 인성 그 어느 것도 부족하지 않은 완벽한 학생의 모습으로 구현된다. 아마도 학생 본인이 이렇게 기록된 학교생활기록부를 보면서 가장 큰 부끄러움을 느낄 것이다. 하지만 그 부끄러움에는 현실과는 다른 픽션화된 생활기록부를 기록한 우리 선생님들에게도 일정 부분 책임이 있다고 할 수 있다.

물론 학생에 대해 좋은 평가를 해주는 것이 나쁜 것은 아니다. 혹자는 긍정적 평가를 해줌으로써 학생 스스로가 느끼고 깨달아서 긍정적인 방향으로 변화하고 궁극에는 생기부에 기록된 자신의 모습과 부합하는 사람으로 성장해 나갈 수 있을 거라고 말하는 사람도 없지 않다. 물론 완벽한 학교생활기록부에 부합하는 학생이 없지는 않다. 하지만 그런 학생들은 정말 극소수에 불과하고 대체로 선생님들의 온정적 평가에 의해 윤색되고 아름답게 치장되는 사례도 여전히 많다. 그리고 선생님들이 간과하고 있는 한 가지. 학교생활기록부 어느 곳에서도 흠잡을 구석이 없는, 거의 완전무결한 이 학생에 대한 기록을 과연 대학은 어떻게 평가하고 해석할 것인가이다. 학교생활기록부는 대입 사정의 가장 기본적인 자료이자 학생 평가의 중요 자료이다. 그런 자료를 온정주의에 매몰되어 무조건 좋은 게 좋은 거라는 생각으로 써 준다면 과연 대학에서 학교생활기록부의 진실성을 얼마나 믿으려 할까?

예전에 입시를 담당하면서 만났던 모 대학의 입학사정관 중에는 노골적으로 학교생활기록부에 대한 불신을 드러내는 사람들도 있었다. 그들이 처음부터 학교생활기록부를 불신하지는 않았을 거라고 생각한다. 그렇다면 대학입시의 중요한 부분을 담당하는 입학사정관들에게 부정적으로 읽히는 학교생활기록부는 누구의 책임일까? 그런 점에서 학생들을 위한다는 명분으로 흐를 수 있는 온정주의는 우리 선생님들이 마땅히 경계하고 지양해야 할 부분이다.

학교생활기록부는 한 학생의 학교생활을 증명해 주는 공식 자료이자, 학생 개개인에게는 자신의 삶에 역사의 한 부분이다. 시간이 흘러 자신의 학교생활기록부를 들여다보았을 때 부끄러움이 없도록 만들어 주는 것이 선생님들이 해야 할 일이 아닐까?

학교생활기록부는 학생을 사랑하되 사랑한다는 이유로 거짓을 합리화하기보다는 솔직하게 기록해야 한다. 그러나 너무 솔직한 나머지 학생에 대한 부정적 평가를 하는 것보다는 학생의 태생적 선(善)함과 미래의 긍정적 가능성을 더 중시하고 평가하는 내용으로 채워 가는 건 어떨까? 그것이 학생의 미래를 따뜻한 시각으로 바로 보고 격려하는 온정주의이고, 동시에 학생의 장단점을 명확하게 제시하여 공정한 평가를 받게 해 주는 공정성인 것이다.

학교생활기록부를 쓰면서 겪게 되는 '온정과 공정의 딜레마'는 여전히 현재진행형이다.

| 스카이캐슬 - 학생부종합전형의 일그러진 자화상 |

인기와 화제 두 마리 토끼를 다 잡은 〈스카이캐슬〉이라는 인기드라마가 있었다. 드라마 속 이야기기가 너무나 실감 나게 현실을 반영하고 있다는 점에서 전국적으로 화제가 되었던 것으로 기억한다. 나는 드라마 보는 것을 그리 좋아하지 않아서 〈스카이캐슬〉을 애청하지는 않았지만 드라마 속에 묘사된 상황과 현실의 높은 일치성에 놀람을 금치 못했다.

아들을 의대에 보낸 엄마의 자살로 시작하는 다소 충격적인 모습과 가업을 이어 아이를 서울대 의대에 보내려는 엄마의 수단과 방법을 가리지 않는 처절한 노력, 학생부종합전형용 스펙을 쌓기 위해 만들어진 인위적인 독서동아리와 학생회장 선거, 엄마들 사이의 과외 카르텔, 입시 전문 컨설턴트의 소름 끼칠 정도로 무서운 적대감을 통한 아이의 성취 등 다소 과장된 면이 없지는 않지만 지금 우리의 입시 현실을 잘 반영하면서 교묘하게 비꼬고 있다는 점이 인상적이었다. 그리고 이 드라마가 전국적인 인기를 누릴 수 있었던 것은 우리 아이들이 처한 전쟁과도 같은 입시 현실을 잘 드러내 주었기 때문이라고 생각한다.

　드라마를 보면서 지금 우리의 교육 현실을 찬찬히 되짚어 보게 되었다. 학교현장에서는 학생들을 위한 다양한 프로그램을 운영하고 있는데 안타깝게도 상당수의 활동 프로그램들이 대입에 초점이 맞춰져 있어 원래의 취지를 잘 살리지 못하고 있는 것들이 많은 실정이다. 선생님의 입장에서 보면 학생부종합전형을 준비하는 우리 학생들의 노력은 참으로 안타깝고 눈물겹다. 공부도 하랴, 각종 스펙을 쌓기 위한 동아리 활동, 체험활동, 진로진학특강, 경시대회 등에 참가하랴, 늘상 시간에 쫓기며 시달리는 모습들을 보면서 안쓰럽다는 생각을 금치 못한다.
　이런 상황 속에서 가장 안타까운 것 중 하나가 학생들의 재능과 끼를 발산할 수 있도록 장려했던 자율동아리 활동이 스펙 만들기용으로 변질되어 있는 경우가 많다는 것이다. 예를 들자면 학술동아리의 경우 주로 교과나 대입과 연계된 동아리를 만들 수밖에 없는 현실이기는 하지만 누가 봐도 이것은 대입 스펙용이라는 것이 노골적으로 들여다보인다. 물론 동아리들이 다 그런 것은 아니다. 어떤 동아리는 정말 구성원들이 의욕을 가지고 정기적으로 모임을 가지고 활동하고, 동아리 활동에 필요한 물품을 학교에 요청하기도 하고, 예상치 못한 탁월한 결과물을 만들어 내기도 하지만 아직도 상당수의 동아리들이 일회성 동아리로 끝나는 경우가 많다. 이것은 결국 학생들도 자신들이 하는 동아리 활동이 대입을 위한 수단 중 하나라고만 인식하는 데서 나타나는 현상이 아닌가 싶다.

또 지금은 많이 개선되었지만 과거에는 교내에서 실시하는 경시대회의 경우 실시의 편의성이나 수상자를 늘리기 위해 일제고사식으로 실시하는 경우가 많다 보니 경시대회에 참가하는 학생들의 태도가 극명하게 갈렸다. 한 해에 실시하는 교내 경시대회의 개수만 해도 보통 30~40개 정도이다 보니 수상에 욕심이 있는 학생은 사전 준비를 철저하게 해서 열심히 보는 반면, 관심이 없는 학생은 대충 답안지를 작성하고 엎드려서 자 버린다. 결국 의도하지는 않았지만 경시대회 수상을 항상 받는 학생들이 또 받는 문제점이 생길 수밖에 없는 구조였고, 수상을 하지 못한 학생들로부터 '우리는 상위권 애들 들러리냐'라는 볼멘 불평이 나오는 원인이 되기도 했다. 그래서 지금은 학년 초에 경시대회 관련 내부규정을 회의를 통해 사전에 결정하고 철저하게 희망자에 한해 시험을 치르는 방향으로 개선되어 평가의 공정성 확보나 학생들의 불만 해소 등에 많은 효과를 보고 있다.

하지만 어떤 학교들은 지금도 최상위권 학생들만을 대상으로 하는 특강이나 체험학습 프로그램, 봉사활동 등을 운영하는 곳이 없지 않다. 물론 우수한 학생들에 대한 학교의 적극적인 지원과 배려는 일정 부분 필요하다고 공감을 할 수도 있지만, 그러한 혜택을 받지 못하는 다수 학생들이 겪게 되는 기회의 불균등 문제는 어찌할 것인가? 그리고 그런 행위들이 아직 어린 학생들에게 사회적 불평등과 부정적 계급의식을 심어주게 된다면 또 어찌할 것인가?

학생들이 참가해야 할 것들은 학교 내에서만 존재하는 것이 아니다. 연중 각종 진로진학박람회, 대입 설명회를 비롯한 분야별 각종 OO축전 등이 계속되는데 학생들에게 행사내용을 공지하고 참가 여부를 물어보면 항상 첫머리에 나오는 말은 '선생님, 그거 생기부에 기록할 수 있어요?'이다. 이 말을 들을 때마다 학생들이 약아빠졌다는 부정적인 생각보다 얼마나 입시에 시달렸으면 자기네들의 진로 탐색이나 경험의 확장을 위해 만든 프로그램마저도 생기부 기록 가능 여부를 따져서 참가 여부를 결정하나 싶어 가엾다는 생각마저 들 때가 많다.

이렇게 학교 안팎에서 행해지는 거의 모든 것들이 학생들의 성장을 도모한다는 좋은 취지와는 달리 우리 학생들은 이것이 과연 대입에, 그것도 학생부종합전형에 얼마나 도움이 될 것인가를 먼저 생각할 수밖에 없는 현실이 우려스러울 뿐이다. 그리고 이러한 서글픈 현실이 대학입시에서 학생부종합전형을 만든 진정한 목적인지 진지하게 묻고 싶다.

오죽했으면 드라마에서까지 학생부종합전형에 합격하기 위해 처절하게 발버둥 치는 다양한 인간 군상들을 그려냈을까? 너무나 현실적인, 그래서 더 서글플 수밖에 없었던 드라마 〈스카이캐슬〉을 보면서 이제 학생들이 힘들어하지 않고, 학창시절의 순수함을 잃지 않고, 자신들의 미래에 대해 부담 없이 탐구하고 개척할 수 있는 밑바탕을 깔아 주는 것이 학교가, 선생님이 해야 할 역할임을 다시금 생각해 본다.

학교생활기록부, 그 풀리지 않는 고민의 실타래

해마다 학기 말, 학년 말이면 다가오는 초절정 고난도 통과의례. 바로 학교생활기록부 기록이다. 학교생활기록부는 대입을 준비하는 가장 기초적이고 중요한 자료인지라 기록을 하는 선생님도 기록을 당하는(?) 학생도 엄청 스트레스를 받을 수밖에 없다. 더군다나 대입의 주류인 학생부종합전형을 준비하는 학생들에게 학교생활기록부는 거의 생명줄 내지는 하늘로 올라갈 수 있는 동아줄이나 다름없는 것이어서 갈수록 학교생활기록부를 둘러싼 선생님과 학생, 학부모 간의 신경전은 더 날카로워지는 것 같다. 학생은 '써 주세요,' 선생님은 '근거가 없어서 안 된다.' 이제는 교무실에서 선생님과 학생 간에 학교생활기록부 기록을 가지고 벌어지는 실랑이는 흔히 보는 장면 중 하나가 되어버렸다. 그것을 보는 선생님들도 무감각해질 정도로 말이다.

그런데 정작 우리가 간과하고 있는 문제는 학교생활기록부의 기록 주체는 분명 선생님이고, 선생님의 고유 권한이자 당연한 의무 중 하나인데 어느 틈엔가 학교생활기록부의 기록에 학생이나 학부모가 너무 과도하게 개입을 하고 있다는 사실이다. 물론 학교생활기록부 기록의 정확성이나 누락사항을 살펴보기 위해 열람하는 것은 문제가 되지 않지만 학부모 서비스를 비롯한 다양한 경로를 통해 자녀의 학교생활기록부를 열람하는 학부모들의 노골적이고 지나친 요구는 눈살을 찌푸리게 만들기도 한다. 심지어 요즘에는 사설 교육기관에서 3년간 학생의 학교생활기록부에 기재될 내용을 컨설팅하고 관리해 주는 서비스까지 등장하기도 했고, 거기에서 만들어진 결과물을 당당하게 학교생활기록부에 기록해 달라고 요청을 하는 경우도 적잖이 있는 편이다. 그리고 이러한 사설 기관을 통한 학교생활기록부 관리는 많은 비용지출을 강요하기 때문에 자칫 학부모의 경제적 부유함이 학생의 대입 당락을 결정짓거나 결정적인 역할을 해 주는 바람직하지 않은 상황을 심화시키고, 학생들 간의 계층적 위화감을 조성할 수 있다는 점에서 부정적이고 우려스럽다.

나도 담임을 하다 보면 종종 학부모나 학생들의 기록내용에 대한 요구를 받기도 한다. 한 번은 학기 말에 우리 반 학생이 봉사활동 특기 사항이라며 인쇄된 종이를 가지고 찾아왔다. 거기에는 그 학생의 봉사활동에 대한 구체적인 내용과 특이점, 평가내용 등이 학교생활기록부에서 규정한 글자 수와 정확하게 일치하고 있었다. 사설 기관에서 컨설팅을 받아 온 것이 뻔한 내용이었고 너무 비약과 과장이 많아서 학생에게 원하는 대로 기록해 줄 수 없는 이유를 차분하게 이야기를 해 주고 돌려보냈다. 그런 후 학부모에게 전화해서 학교생활기록부를 기록하는 권한은 분명히 담임선생님에게 있는 것이고, 봉사활동 시수에 비해 다소 과장된 부분이 있어 신뢰성이 현저히 떨어질 수 있기 때문에 그대로 기록할 수 없다는 점과 앞으로 학교생활기록부 관련 내용을 미리 작성해서 기록해 달라고 요구하는 것은 지양해 달라고 정중하게 말씀드렸다.

이런 요청을 받는 경우 선생님의 입장에서도 많은 고민에 빠지게 된다. 학생들이 일반계 고등학교에 진학하는 일차적인 목표 중 하나가 대학입학인데, 대입 근거자료 중 가장 중요한 학교생활기록부를 작성하면서 학생 개개인의 학교생활을 있는 그대로 적나라하게 써 주기에는 어려운 부분이 조금 있다. 그리고 교육자라는 직업 특성상 학생에 대한 부정적인 평가를 학교생활기록부에 적시하는 것도 학생의 장래를 위해 적절치 못하다고 생각하는 것이 일반적이어서 대개는 긍정적인 방향으로 기술을 하고 있는 상황이다. 부정적으로 말하자면 '좋은 게 좋은 거다'라는 식의 온정주의가 너무 팽배해 있는 것도 학교생활기록부를 기록할 때 맞닥뜨리는 고민거리이자 문제 중 하나이다.

또 선생님 한 사람이 담당하는 학생 수가 예전에 비해서 많이 줄어들기는 했지만, 여전히 많은 수의 학생들을 관리하고 가르치는 것은 힘든 일이다. 그러다 보니 일부에서는 학교생활기록부를 기록하기 위해 항목별로 학생 개인이 활동했던 내용을 작성해 오라고 하는 경우도 있는데 이러한 것들이 결국 '셀프 생기부'라는 말을 만들어 내게 한 원인이 되기도 했다. 그리고 언론에서도 학교에 대한 부정적인 기사를 내보낼 때 단골 메뉴로 사용되기도 한다. 물론 선생님들도 '셀프 생기부' 문제에 대한 책임에서 자유로울 수는 없다고 생각한다.

그래서 해마다 조금씩 바뀌는 기재요령을 안내하는 〈학교생활기록부 기재요령〉이라는 책자를 보급해서 선생님 스스로가 양질의 학교생활기록부를 작성할 수 있도록 지원을 하고 있고, 실제로 학교생활기록부 작성 시 생기는 의문점이나 모호한 내용에 대해 명확한 지침을 제시하고 있어 효과적이다.

학교생활기록부에 대해 이야기하자면 해도 해도 끝이 없을 것 같다. 하지만 한 가지 분명한 것은 학교생활기록부는 공정하고 객관적인 시각으로 학생을 평가하고 기록해야 한다는 것이다. 물론 학생의 장래를 위해 긍정적인 평가를 하고 발전 가능성을 드러내 보이는 것도 좋지만 3년간의 학창시절을 통해 학생이 대학에서 원하는 인재로 어떻게 성장하고 발전해 나가고 있는가를 명확하게 드러내 주는 것이 우선되어야 할 것이다. 선생님들이 학생 개개인에 대한 관심과 사랑을 더 가지고 정확하게 학생의 학교생활을 기록하고 객관적인 판단기준을 바탕으로 학생의 장단점과 개선 노력, 학생의 미래에 대한 기대와 신뢰를 학교생활기록부에 기술한다면 다른 누구의 손을 빌리지 않고도 아름다운 학교생활기록부가 만들어질 것이다. 그리고 학생 본인과 학교생활기록부로 그려지는 학생의 모습이 다르지 않은 정직하고 믿음직스러운 기록이자 학생 개인의 역사가 될 것이다.

| 학교생활기록부, 이렇게 써 보자~! |

선생님이라면 누구나 학교생활기록부를 쓰면서 고민을 해 보지 않은 이는 없을 것이다. 학생의 장래를 결정지을 수 있는 중요한 기록이기 때문에 더더욱 신경이 쓰이고 어떻게 하면 더 좋은 기록을 할 수 있을까에 대해 끊임없이 고민하고 동료나 선후배 선생님들과 의견을 주고받으면서 한 자 한 자 정성 들여 쓴다. 학교생활기록부를 쓰면서 온정과 공정 사이에서 갈등하기도 하고, 더 잘 써 볼 욕심에 학생들의 의견을 많이 반영해주다 보면 '셀프 생기부'라는 오명을 뒤집어쓰기도 한다. 그렇다면 객관적이고 공정하면서 학생의 발전 가능성과 잠재력을 그대로 풀어낼 수 있는 양질의 학교생활기록부를 쓰려면 어떻게 해야 할까?

일단은 선생님이 부지런해야 한다. 학생들이 교내외에서 활동하는 모든 것, 일거수일투족을 세세하게 관찰하고 기록으로 남겨야 학기 말이나 학년 말에 가서 학교생활기록부를 위한 번민과 창작의 고통을 겪지 않아도 되기 때문이다. 그러기 위해서는 교무 수첩을 잘 활용해 보자. 연초에 받는 교무 수첩은 생각보다 많이 활용하지 않는 경우가 많은데 의외로 교무 수첩 내용을 꼼꼼하게 살펴보면 학교생활기록부 기록을 위한 기초자료로 활용하기 편리한 팁들이 많이 실려 있다. 연간, 월별, 주간, 일별 메모, 학생 신상 카드 등등…… 아무리 소소한 내용이라 할지라도 그 작은 기록들이 쌓이고 또 쌓이면 교사로서 학생을 파악하고 이해하는 좋은 자료를 만들 수 있고, 나중에 생기부 기록의 근거자료로 유용하게 활용할 수 있다. 즉, 세심한 기록의 습관, 성공적인 생기부 작성의 밑거름이다.

나는 교무 수첩을 중심으로 나만의 학생 상담용 파일과 학생별 폴더를 따로 만들어서 학생들과 면담한 내용, 성적변화 추이, 학부모와의 상담내용과 조치내용, 특이사항 등 학생의 1년 동안의 활동을 학교생활기록부 순서와 동일하게 일기 쓰듯 하루하루 기록하는 누가기록을 남긴다. 물론 교과수업과 분장업무 때문에 시간적인 여유는 그리 넉넉하지 못하지만 퇴근 전 짧은 시간을 내서라도 반드시 그날그날의 학생 관련 내용을 상황별로 간략하거나 자세하게 기록을 한다. 들을 때는 그리 어렵지 않겠거니 하고 생각하면 오산이다. 학생들의 학교생활을 꼼꼼하게 챙기는 것까지는 그럭저럭 할 수 있을지 모르나 날마다 기록으로 남기는 일은 그리 녹록하지 않은 일이다. 기록하는 습관이 몸에 배지 않으면 중간중간 빼 먹거나 정리가 잘 안 돼서 나중에 또다시 정리해야 하는 상황이 생기기도 한다. 학생관찰일지는 선생님의 기록의 생활화와 부지런함에서 비롯된다.

학교에서는 학생들의 다양한 활동을 장려하기 위해 수시로 진로나 창의적 체험활동 관련 프로그램이나 특강, 수련 활동, 인문학 교실, 철학 교실, 진로직업체험 활동, 동아리 활동, 봉사활동, 자율활동 등 많은 프로그램을 운영하고 있다. 프로그램에 따라 약간씩 차이가 있기는 하지만 학생 전체를 대상으로 하는 것도 있고, 사전에 신청자를 받거나 응모를 하는 경우 등 다양한 형태로 진행된다.

여기서 선생님들이 신경 써야 할 중요한 포인트 하나! 학교에서 실시하는 모든 교육 활동 프로그램을 마치면 반드시 참가 학생들에게 참가소감문을 간략하게 받아두는 것을 생활화하자. 학생들 개개인마다 다 다르겠지만 자신이 활동하거나 참여했던 프로그램에 대해 꼼꼼하게 기록해 두는 학생은 거의 없다고 봐야 한다. 그러다 보니 학기 말, 학년 말에 학교생활기록부를 작성하다 보면 활동내용 누락으로 인해 기록할 수 없는 애로사항이 생기게 된다. 그래서 나는 교육 활동 프로그램이 끝날 때마다 참가 학생들을 불러 소감문을 써서 제출하도록 지도하고, 이를 날짜별, 활동별로 나누고 파일로 분류하여 문서함에 정리해 둔다. 이러한 결과물들이 축적되면 나중에 학생 개개인에 대한 보다 더 알찬 정보를 제시할 수 있는 데이터베이스를 구축할 수 있게 되고, 성공적인 학교생활기록부 기록의 토대가 된다. 그리고 무엇보다 선생님들이 유념했으면 하는 것은 학생들이 학교에서 실시하는 교육 활동 프로그램에 적극적으로 참여할 수 있도록 권유하고 조력해야 한다는 것이다. 그래야만 더욱 더 나은 양질의 학교생활기록부를 만들어 낼 수 있을 것이다.

학생부종합전형에서 중요하게 생각하는 요소 중 하나가 학생의 독서 활동과 교과 세부능력 특기 사항이다. 독서와 교과는 불가분의 관계로 예전에는 학교생활기록부 독서 활동상황을 주로 담임교사가 입력했지만, 지금은 교과목별 담당교사가 입력하도록 하여 교과와 독서를 연계하고 있으며, 학생부종합전형에서의 주요 평가요소로 부각되고 있다. 그런데 독서 지도를 하다 보면 학생들 중 상당수가 심각한 '독서 편식' 현상을 보이는 것을 알 수 있다. 분야별로 고른 독서를 하는 것이 가장 바람직하겠지만 많은 학생들이 자신이 즐겨 읽는 분야의 책들만을 주로 읽다 보니 다양한 독서 활동을 통한 지식과 교양 함양, 진로 탐색에의 활용 등은 생각 외로 잘되지 않고 있다. 그래서 나는 학생들에게 분야별 고른 독서의 필요성과 유용성에 대해 수시로 강조하고 있고, 또 부정기적이지만 도서관 활용 수업을 통해 학급별로 필독도서 안내나 권장도서 목록을 제공하여 학생들이 다양한 책들을 고루 읽도록 지도하고 있으며, 이러한 학생들의 독서 활동을 철저하게 기록으로 남기게 하고 이를 교과 독서 활동내용으로 기록하고 있다.

학생들의 독서 활동을 장려하기 위해서는 우선적으로 교실 내에 독서를 할 수 있는 기반시설이 갖추어져 있어야 한다. 나는 담임을 할 때 항상 교실 뒤편에 사비를 들여 책장을 비치하여 내가 가지고 있는 책 중에서 학생들에게 읽힐 만한 것과 학생이 가져온 책들을 모아서 학급문고를 만들었다. 관리책임자는 자발적으로 신청을 받아 자율활동이나 학급 특색독서 활동 시간을 활용하여 자기 주도적 독서를 할 수 있도록 하고, 독서내용을 활동지에 기록하게 하였다. 그리고 학생들이 제출한 독서 활동지는 분기별로 직접 점검하고, 이를 학교생활기록부 교과 독서 활동이나 독서 마라톤 등에 기재할 수 있도록 지도하였다. 학급독서 활동 초기에는 독서 편식으로 인해 어려움을 겪는 학생들도 제법 있었지만 지속적으로 독서 체질을 개선할 수 있도록 학생 개개인의 수준이나 흥미에 부합하는 책을 추천해 주거나 독서 활동지를 가지고 독서상담을 해 줌으로써 점진적인 개선 효과를 거둘 수 있었다.

교과 세부능력 특기 사항은 요즘 추세인 과정 중심 평가를 적극 반영하여 수업시간에 수업내용이나 활동별로 체크리스트를 작성하거나 수행평가와 연동시켜서 교과 학습활동과 평가가 수업시간 내에 이루어질 수 있도록 해야 한다. 그리고 선생님은 학생의 수업 활동내용을 철저하게 기록으로 남기고 이를 평가에 반영해야 하고 학급별, 학생별 활동내용과 평가결과를 개인별로 기록하여 파일에 저장하거나 NEIS에 누가기록으로 남기는 습관을 들여야 한다. 이러한 내용들을 바탕으로 하면 학생 개인별 교과 활동 중 특기 사항이나 발전 과정을 정확하고 세밀하게 기록해 줄 수 있고, 결과적으로 학생의 학업에 대한 열정이나 태도, 잠재성 등을 드러내 줌으로써 학생들의 대입에 탄탄한 밑거름이 될 수 있을 것이다.

마지막으로 학교생활기록부의 대미를 장식하는 것이 행동특성 및 종합의견이다. 행동특성 및 종합의견은 1년 동안 담임교사가 학생의 학교생활 전반에 대해 파악하고 관찰한 내용, 교과학습발달상황, 창의적 체험활동, 독서 활동 등을 종합적으로 요약하여 정리한 내용이자 학생에 대한 종합적인 평가가 담겨 있는 중요한 부분이다. 이 부분 역시 선생님들의 고민거리 중 하나라고 할 수 있다. 제한된 분량 안에 되도록 학생에 대한 긍정적인 평가를 쓰려고 하다 보니 애로사항이 많이 생기는데, 이 부분을 기록할 때에는 이전까지의 항목에서 기록한 내용을 그대로 다시 기록하기보다는 전체적인 맥락에서 요약적으로 기록하되 수시로 관찰해 누가기록 된 1년간의 행동특성을 바탕으로 총체적인 학생의 변화와 성장 내용을 기록해 주면 효과적이다. 그리고 다른 항목에서 누락된 부분을 보충하고 학생의 특성을 드러낼 수 있는 부분을 강조해 주어야 한다. 또한 학업성취의 결과보다는 과정적인 요소를 중점적으로 기술하고, 추상적이고 상투적인 내용보다는 구체적 사례를 중심으로 기록하는 것이 좋다.

특히 학교생활기록부는 대입에서 평가자들이 행동특성 및 종합의견만으로도 지원자를 파악할 수 있는 객관적 자료이고, 일부 대학에서는 교사추천서와 자기소개서 없이 학교생활기록부만으로 선발 전형을 치르기도 하므로 더욱더 신경 써서 기록해야 한다.

자기소개서, 전설(傳說)이 되다

자기소개서는 수시 입시에서 성적 못지않게 학생들의 당락을 좌우하는 중요요소라는 것은 누구나 잘 알고 있을 것이다. 지금이야 학생부종합전형이라는 전형으로 실시하지만 몇 년 전까지만 해도 입학사정관제라는 이름으로 전형이 시행됐는데 이때는 교과성적을 반영하지 않고 비교과영역을 중심으로 수시 신입생을 선발하던 시절이어서 학생들의 자기소개서나 선생님이 작성한 추천서가 당락을 결정짓는 중요한 척도로 작용했다. 게다가 자기소개서나 자기소개서의 내용을 증빙할 수 있는 추가자료, 포트폴리오 자료의 제출이 필수적이다 보니 선생님들은 입시 철이 오면 수업하랴 자기소개서 첨삭해 주랴, 학생이 제출한 증빙자료를 학생부와 비교 검토하여 허위사실이 없는지 확인하고 우편 발송하랴 등등 이중, 삼중고에 시달릴 수밖에 없었다. 그리고 무엇보다 시간 여유가 너무 없었다. 혼자서 우리 반 아이들뿐만 아니라 다른 반에서 검토요청이 들어오는 자기소개서도 봐 주어야 하기 때문에 정말 일 분 일 초가 빠듯하기만 했다.

마감날은 가까워지고, 아이들 자기소개서 수준은 지원하고자 하는 대학에 여전히 못 미치는 수준이고…… 고민 끝에 생각해 낸 것이 소위 '끝장 자소서'였다. 제출 시기가 빠른 학생들부터 희망자에 한해서 야간 자기 주도적 학습 시간이 끝나면 교무실에서 만족할만한 수준의 자기소개서가 나올 때까지 시간제한을 두지 말고 써 보자고 했더니 몇몇 학생이 손을 들었다. 그래서 학부모님께 직접 전화를 드려서 사정을 이야기하고 개인별로 노트북을 하나씩 준비해 오라고 한 후, 밤 10시가 넘어서부터 교무실에 책상을 늘어놓고 학생들은 계속해서 자기소개서를 쓰고 나는 바로바로 첨삭하는 과정을 새벽 서너 시까지 쉬지 않고 계속했다. 생각 같아서는 내가 직접 대필을 해 주고 싶다는 생각도 없지 않았으나 선생님이 어른의 시각과 감정으로 쓰는 것보다 다소 부족할 수는 있지만 시간이 더 걸리더라도 자신들의 이야기를 직접 써보게 하는 것이 결과적으로 봤을 때 더 값지고 의미 있을 것이라는 신념으로 지루하고 피곤한 시간을 버티고 또 버텼다. 나도 학생들도 지치고 힘들었지만 그만큼 절박했기 때문에 학생들도 죽기 아니면 까무러치기로 잘 따라와 주었다. 드디어, 새벽 동이 터 올 무렵에야 겨우 완전히는 아니지만 그래도 만족할 만한 자기소개서를 완성할 수 있었고, 학생들로 나름 자신들이 해냈다는 성취감과 자부심이 얼굴에 가득 어려 있음을 보고 보람도 느낄 수 있었다.

지금 생각해 보면 거의 미친 짓에 가까운 일이지만 그때는 그만큼 절박했다. 한 명이라도 더 자신이 원하는 대학이나 학과에 진학시키는 것이 선생님인 내가 해 줄 수 있는 최선이라는 생각밖에 없었기 때문에 교직 생활 중 전무후무한 일을 저지를(?) 수 있었다. 몸은 천근만근 무거웠지만, 학생들이 나를 믿고 따라오고 열심히 해 준 덕분에 기대 이상의 결과를 거둘 수 있어서 고생한 보람도 느낄 수 있었고, 한동안 학생들 사이에 입시 전설로 떠돌았다고 한다.

남들은 당연히 해야 할 일을 가지고 너무 생색내는 거 아니냐고들 할지 모르겠지만 그 당연한 것을 해 주기가 현실적인 어려움들로 인해 생각보다 하기가 어렵다. 하지만 선생님의 열정과 보이지 않는 곳에서의 헌신은 우리 학생들의 앞길을 더 탄탄하게 만들어주는 디딤돌이 되리라고 나는 확신한다.

| 들꽃도 아름다울 수 있다 |

지금도 설문 조사를 해 보면 학생들이 선생님에게 바라는 것 중 하나가 '편애'하지 말라는 내용이 많이 나온다. 학생들의 입에서 '편애'라는 말이 나온다는 것 자체가 선생님들에게는 너무도 부끄러운 일이다. 집에서는 누구나 다 귀하고 소중한 자식들인데 정작 이 아이들을 올바르게 가르치고 이끌어주어야 할 학교에서 아이들의 뇌리에 '편애'라는 차별의식을 심어주고, 그것이 당연한 것처럼 받아들여진

다면 큰 문제가 아닐 수 없다. 특히 학생들이 자신이 차별을 당하고 소외당하는 구체적인 사례로 입시 기간에 자기소개서나 추천서를 손에 꼽는 경우가 많다고 한다.

몇 년 전이었다. 한창 수시 입시 기간이라 학생상담과 자기소개서 첨삭, 추천서 작성에 눈코 뜰 새도 없이 바쁜 일상의 연속이던 날. 우리 반 학생과 장시간에 걸쳐 수시 지원대학을 찾아보고 그에 다른 준비서류를 살피던 그때 교무실 문밖으로 누군가가 나를 빤히 보고 있다는 느낌이 들어 쳐다봤더니 아무도 보이지 않았다. 고개를 갸웃거리다가 대수롭지 않게 생각하고 상담을 마저 마치고 잠깐 한숨 돌리려고 할 때 또다시 낯선 시선이 느껴져서 얼른 교무실 문밖으로 나갔더니 우리 반 학생 하나가 손에 종이 몇 장을 쥐고는 우물쭈물하고 있었다. 성적도 그리 좋지도 않고, 마땅히 희망하는 대학이나 학과도 잡기 어려운 그런 학생이었다.

"○○아, 선생님한테 볼 일 있어?"

"……"

"할 말 있는 거 같은데 부담 갖지 말고 이야기해 봐."

"……"

혹시나 다른 사람들 눈길이 부담스러워서 그러나 싶어 교무실 옆 상담실로 데리고 들어갔더니 그제서야 이야기를 꺼내 놓았다.

"선생님."

"어, 그래. 말 해 봐."

"제가요…… 대학은 가고 싶은데 성적도 안 좋고, 마땅히 갈 만한 대학이랑 학과도 없어요."

"음, 그런데?"

"그래서 여기저기 대입정보를 찾아봤는데 ㅁㅁ대학은 합격권 안에는 드는데요……"

잠시 말끝을 흐리고는 주저주저하기만 했다. 학생의 말을 듣는 순간 머릿속에 저장된 입시정보가 요란한 기계처럼 맹렬하게 회전하기 시작했다. 그리고 왜 저 학생이 교무실 문 앞에서 쭈뼛거리고 있었는지, 상담실에 들어와서도 자꾸 말을 잇지 못하고 있었는지가 명확하게 이해됐다.

학생이 가고 싶다는 대학은 우리 지역에서도 중하위권에 속하는 대학이라서 수시 입시에서 자기소개서는 없는 대신 응시원서에 면접자료라는 것을 입력하게 되어 있었다. 물론 필수사항이 아닌 선택사항이었지만 아무래도 입력을 해 놓는 것이 더 유리한 것은 분명했다.

'아, 이 녀석아. 그리도 대학이 가고 싶은 거였니? 면접자료 쓰는 거 도와달라는 말이 그렇게 하기가 어렵더냐?'

순간 가슴 한편이 아릿하면서 평소에 모든 학생들을 평등하게 대하겠다고 호언장담했던 나 자신이 부끄러워졌다. 그리고 담임선생님 앞에서 고개를 푹 숙이고 있는 모습이 그렇게 안쓰러울 수 없었다.

"00아, 선생님이 면접자료 쓰는 거 좀 도와줘도 될까?"

순간 숙여졌던 학생의 고개가 들리면서 눈이 마주쳤다. 그 눈 속에 담긴 절박함과 간절함은 글로는 도저히 표현할 수 없을 정도로 가슴이 아렸다.

"진짜요, 선생님?"

"그동안 속고만 살았니? 혹시 써 온 거 있으면 선생님 줘 봐."

제 딴에는 대학 한 번 가보겠다고 있는 솜씨 없는 솜씨 쥐어짜서 쓴 것일 테지만 맞춤법부터 띄어쓰기, 내용 구성, 어느 것 하나 어설프지 않은 곳이 없었다. 그렇다고 해서 학생이 나름 애쓴 노력이 갸륵해서 옆에 불러 앉히고 항목별로 짚어가면서 정성스럽게 첨삭지도를 해 주고 수정한 자료를 다시 가져오라고 이야기하고 돌려보냈다. 그리고 다른 학생들이 작성하는 자기소개서 첨삭 못지않게 정성 들여 지도를 해 주었다. 과정은 힘들고 어려웠지만 여러 번의 수정을 거친 후에 비로소 만족할 만한 결과를 얻을 수 있었다. 비록 선생님의 도움이 있었지만 그래도 자기 손으로 완성한 자료를 들고 뿌듯한 얼굴로 돌아가는 학생의 뒷모습이 그렇게 대견해 보일 수 없었고, 다행히도 입시에서 좋은 결과를 얻을 수 있어서 나 자신도 뿌듯했다.

선생님의 입장에서 보면 자기소개서나 면접자료는 수없이 첨삭하는 입시 철의 일상이지만 어떤 학생들에게는 마치 하늘에서 내려온 동아줄일 수도 있다는 것을 그 일을 통해 깨달을 수 있었고, 차마 부탁하기 어려워 끙끙대는 학생들도 많다는 것을 알게 되었다. 물론 학교에서 의도적으로 차별하고 소외시키려는 것은 아니지만 생각지도 않은 부분에서 아이들은 차별과 소외를 당한다고 생각할 수도 있다. 우리가 가르치는 아이들은 일등부터 꼴등까지 다 소중하고 사랑스러운 아이들이다.

온실 속에서 곱게 자라난 꽃들이 당연히 아름다운 것처럼 저 거친 들판에서 거센 비바람에 시달리면서도 소박하지만 들여다볼수록 아름다운 작은 꽃을 피우는 들꽃도 충분히 아름다울 수 있다.

| 호모 아키비스트(Homo-archivist), 기록의 힘 |

'호모 아키비스트'란 단어를 들어 봤는가? 호모 아키비스트는 '기록하는 인간', 또는 기록전문가라는 의미이다. 그리고 선생님들이 갖추어야 할 또 다른 자신의 모습이었으면 한다.

학기 말, 학년 말이 되면 학교는 더할 나위 없이 분주해진다. 성적처리, 교과 세부능력 특기, 교과별 독서기록, 창의적 체험활동 기록과 특기 사항 입력, 행동특성 및 종합의견 등을 기록하는 학교생활기록부 작성. 특히나 학년 말의 하이라이트는 뭐니 뭐니 해도 학교생활기록부 작성이다. 그리고 선생님들이 가장 힘겨워하는 시기이기도 하다.

마음 같아서는 짬짬이 자투리 시간을 활용해서라도 학교생활기록부를 기록하고 싶지만 현실 상황은 그러기가 너무 어렵다. 평상시 교수 학습활동 외에도 업무 분장에 따른 행정업무, 학생상담, 연수 등을 하다 보면 항상 시간에 쫓기며 살 수밖에 없는 것이 우리 선생님들의 현실이다. 그리고 학교생활기록부는 학생의 대입과도 직결되는 자료이기 때문에 절대 소홀히 할 수 없다는 것을 누구보다도 잘 알고 있어 선생님들이 받는 스트레스는 상상을 초월한다. 마음으로는 월 1회 정도라도 규칙적으로 작성해야 한다고 생각은 하지만 여전히 현실은 그리 여유롭지가 못하다. 그러니 연말이 되면 여러 가지 업무들이 중첩되면서 폭주하는 상황이 해마다 반복될 수밖에 없는 것이다.

더군다나 연말에 갑작스럽게 몰아서 하려고 하면 그동안 기록하거나 모아놓은 자료가 넉넉하다면 그리 염려할 바는 아니지만 그렇지 못한 경우도 많기 때문에 학년 말 생활기록부 기록은 정말 피를 말리는 작업이다. 그래서 궁여지책으로 학생들에게 1년 동안 본인이 활동했던 내용이나 독서기록 등을 적어오게 하는 편법을 쓰기도 하지만 학생들은 자신의 학교생활기록부를 더 알차게 채울 요량으로 아름답게만 써 가지고 오는 경우가 많아 '셀프 생기부'라는 오명에서 벗어날 수 없다.

읽어보고 누구나 고개를 끄덕일 수 있는 양질의 학교생활기록부를 만들기 위해서는 학생들의 일거수일투족을 현미경으로 관찰하듯 꼼꼼히 들여다보고 사소한 것이라도 놓치지 않고 기록하는 습관을 길러야 한다. 학생에 대한 관찰과 기록은 때와 장소를 가리지 않는다.

과다한 업무 때문에 시간적인 여유가 넉넉하지는 않지만 학교에서 보이는 학생들의 모습을 꾸준하게 기록한 누가기록은 그 자체로 학생의 변화상을 일목요연하게 보여주는 거울이자 평가의 척도가 될 수 있다. 그리고 생활기록부를 작성하면서 존재하지도 않는 가공의 인물을 만들어 내는 창작의 고통을 겪지 않아도 되며, 교육자로서의 양심도 오롯하게 지킬 수 있을 것이다.

부지런히 관찰하고, 기록하고, 모아두고, 정리하자.
그것이 기록하는 인간, '호모 아키비스트'로서의 선생님의 모습이다.

신나는 도서관 활용기

학교에서 내가 가장 사랑하는 공간을 손에 꼽으라고 하면 나는 단연코 도서관을 첫손에 꼽을 것이다. 평소 책을 즐겨 읽는 탓도 있지만 작디작은 한 권의 책 속에 그토록 많은 세상의 다채로운 지식을 담고 있다는 사실이 놀랍고, 또 책을 읽음으로써 직접 찾아가 보는 수고로움을 덜면서 양질의 지식으로 나를 채울 수 있으니 이 얼마나 좋은 일인가? 그래서 간혹 다른 학교로 출장을 가게 되면 다른 곳은 몰라도 도서관은 꼭 들러본다. 내 생각이지만 도서관에 소장된 장서의 양이나 다양성, 학생들이 독서를 할 수 있는 편의시설 등을 살펴

보면 그 학교의 학풍이나 분위기도 어렴풋이나마 파악할 수도 있는 것 같다. 그리고 과목 특성상 나는 종종 도서관 활용 수업을 한다. 우리가 수업시간에 가르치고 배우는 대부분의 글들과 그것들과 연관된 다양한 글들이 셀 수도 없이 우리를 기다리고 있는 곳이 도서관이다. 그런 점에서 도서관은 아주 훌륭한 수업교재이자 지식의 놀이터라고 할 수 있다. 그래서 자주는 아니지만 수업 단원과 연계해서 필요한 경우 도서관으로 이동해서 수업을 진행한다. 무턱대고 읽고 싶은 책을 골라 읽는 단순한 독서시간이 아니라 모둠이나 개인별로 수업주제에 맞는 책들을 자유롭게 고르고 활동지를 작성하고 발표도 해 본다. 그럼으로써 자기 주도적 독서습관과 양질의 책을 고르는 안목도 익히며, 책에 대한 인식도 좋은 쪽으로 개선하고 학생들의 독서 편식 습관도 해결할 수 있게 학습을 위한 도구로써 광범위한 배경 지식도 얻을 수 있도록 지도하고 있다.

특히 학생들의 독서습관 중 우려되는 것은 특정 분야의 책에만 너무 몰입해 있는 독서 편식이다. 음식을 골고루 먹지 않으면 영양의 불균형으로 인해 몸에 이상이 오는 것처럼, 편협성과 경향성이 강한 독서습관이 몸에 배게 되면 다양한 분야의 책 읽기가 어려워지고 독서를 통한 간접경험의 기회를 스스로 버리는 결과를 가져온다. 그래서 사서 선생님께 부탁해서 아이들이 선호하는 장르의 책 외에도 필수적으로 읽어야 할 우리 고전이나, 분야별 필독도서 등을 서가 전면이나 잘 보이는 곳에 배치했다. 그렇게 아이들이 자연스럽게 접할 수 있는 환경을 조성해 주고 수업 자투리 시간에 학생들이 꼭 읽어봤으면 하는 책들을 소개하기도 한다. 간혹 학생들이 복도를 지나가다 마주치면 내가 추천해 준 책을 들어 보이기도 하고, 다른 책을 추천해 달라고 부탁하기도 하는데 이러한 것들이 소소하지만 독서가 가져다 주는 긍정적인 효과가 아닐까 생각한다.

올해 들어서 나름 야심차게 시도했던 것이 과정 중심 수행평가의 일환으로 '한 학기 한 권 책 읽기' 프로젝트를 수업과 연계하여 자신의 흥미, 진로, 관심 분야 등을 고려해서 자기 주도적으로 책을 찾고, 독서계획을 세우고, 단계별로 책에 대한 자신의 독후 내용을 기록해 봄으로써 독서의 타자가 아닌 주체로 바꿔 가는 것이었다. 지금까지는 단순하게 자신이 읽고 싶은 책만 골라서 읽고 나면 그만이었던 것을 도서관에 가서 본인이 직접 도서선정부터 계획수립, 독후활동 등으로 단계적이고 체계적으로 해 보았다. 그러니 처음 해 보는 낯선 독서방식에 서투른 모습도 보였지만 시간이 흐를수록 진지한 태도로 활동에 참여하게 되었고, 당연히 양질의 결과물도 얻을 수 있었다.

도서관은 단순하게 책을 소장하고 시간 날 때 가서 책을 읽는 단순한 공간이 아니라 수업의 중요한 부분을 담당해 주는 수업의 장(場)이어야 한다. 그리고 교과목에 상관없이 교과수업과 도서관 장서, 교육기자재 등을 연계 활용하여 교육수요자인 학생이 중심이 되는 독서교육프로그램을 지금보다 더 활발하게 연구하고 보급해 줌으로써 도서관의 문턱을 낮추고 학생들이 다양한 종류의 책들을 통해 지적 성장과 인격적 성장을 동시에 이룰 수 있는 공간이 되도록 해야 한다.

도서관, 이제는 적막이 흐르는 사색의 공간이 아닌 왁자지껄하고 시끌벅적한 놀이 공간이어야 한다.

즐겁고 유익한 동아리 활동 백서

같은 목적으로 한패를 이룬 무리를 가리키는 우리말은?
이 질문을 보고 열심히 네X버나 다X에서 정보검색을 하는 사람도 있을 것이다.
정답은 '동아리'이다.

학교생활 중 그나마 아이들이 신나게 자신들의 끼를 발산할 수 있는 몇 안 되는 공인된 시간이 동아리 활동 시간이다. 현재 학교에서 실시하는 동아리 활동은 크게 정규교육과정 내에서 운영하는 정규교육과정동아리(일명 창체 동아리)와 자율동아리로 나뉘는데, 학술, 문화예술, 체육, 토요스포츠클럽이나 청소년 단체활동 등 다양한 분야에서의 동아리 활동이 장려되고 있다. 그런데 겉보기에는 다양한 활동을 할 수 있도록 동아리들이 구색을 다 갖추고는 있는 것처럼 보이지만 실제로 정규교육과정에서 동아리 활동 운영은 동아리 설립 취지와는 따로 노는 경우가 많아서 안타까울 뿐이다.

동아리 활동을 담당하는 선생님의 입장에서는 다양한 동아리를 개설해 놓아도 학생들의 선호도가 각기 다르기 때문에 동아리 선택의 부익부 빈익빈이 발생할 수밖에 없는 구조이다. 인기 동아리는 기초 설정 인원을 초과해서 재배정해야 하는 문제가 있고, 비인기 동아리는 존폐 기로에 서기도 한다. 그래서 선생님 한 명당 지도할 수 있는 인원을 추가로 인위적 재배정을 하다 보니 학생 본인이 원치 않는 동아리에 배정되는 경우도 제법 있어 학생들이나 선생님들의 불만 사항이 되기도 한다. 그러다 보니 동아리 활동에 대한 학생들의 의욕도 떨어질 수밖에 없고, 그냥 시간 때우기식 동아리 활동이 되는 경우도 있어 안타깝다. 그리고 동아리 활동도 대입에서 중요한 비교과영역이기 때문에 인기 동아리 쏠림현상은 결국 동아리 활동을 학생들의 건전한 취미를 계발하고 정서적, 전인적 성장을 도모한다는 본래의 취지와는 다르게 대입용 스펙 쌓기로 전락해 버리기도 한다.

그나마 자율동아리 활동이 도입되면서부터 학생들이 자발적으로 동아리를 꾸리고 활동할 수 있는 여건이 만들어졌고, 학교 내에서 긍정적으로 자리를 잡아가고 있지만 자율 동아리 역시 해를 거듭할수록 대입 스펙 쌓기와 무관하지 않게 변질되어 가는 모습들을 목격하면서 아쉬움만 더 커지는 것 같다.

나 역시 여러 동아리를 지도해 보면서 어떻게 하면 동아리 활동을 학생들이 자발적으로 활동하게 하고, 즐겁게 할 수 있을까에 대한 고민을 많이 해 보았다. 그리고 학생들을 보다 더 면밀히 관찰하면서 몇 가지 아이디어를 생각하고 실천해 보았다.

요즘 아이들. 글씨를 참 못 쓴다. 어려서부터 컴퓨터 자판에 더 익숙하다 보니 손글씨는 여전히 괴발개발 서투르기만 하다. 나는 이 점에 착안해서 방과 후 특색활동으로 캘리그래피반을 만들었다. 교재도 필요 없고 오직 붓펜 한 자루만 있으면 된다고 했더니 학생들이 반신반의하면서도 제법 많이 신청을 했다. 붓을 쥐는 기본적인 자세도 가르쳐 주고 궁서체로 한글 자모 낱글자 쓰기부터 시작해서 단어와 문장 쓰기를 차례로 하게 만들었는데, 처음에는 붓펜의 낯선 필기감에 어색해하다가 글씨본을 보면서 제법 진중하게 연습을 했다.

어느 정도 숙달되었을 무렵에는 다양한 응용 서체를 연습하게 했더니 재미를 붙이고 꽤 잘 쓰는 학생들도 생겼다. 그리고 종강 무렵에는 한 학기 동안 자신들이 연습한 자신만의 손글씨 체로 부모님께 편지를 써 보도록 했는데 학생들이나 학부모들에게 의외로 반응이 좋았다.

조그맣고 소소한 성공을 거둬보니 나름 욕심이 생겨서 이번엔 좀 더 판을 키워 보자는 생각으로 학생들에게 자율동아리를 만들려고 하는데 무슨 동아리가 있었으면 좋겠냐고 의견을 물어보았다. 프라모델이나 직소 퍼즐 만들기 동아리가 있었으면 좋겠다는 의견들이 많아서 다음 학기 방과 후 특색활동으로 프라모델반을 개설하였다. 나도 프라모델을 취미로 하던 터라 프라모델의 기초와 조립, 도색, 디오라마 만들기 등을 직접 가르쳤는데 자신들이 하고 싶은 활동을 해서인지는 몰라도 그 어느 때보다 더 열정적으로 동아리 활동에 참여해 주었다. 학생들 딴에는 집에서 엄마한테 야단맞아가면서 조립하던 것을 학교에서 동아리 활동으로 대놓고 할 수 있으니 얼마나 좋았겠는가? 게다가 선생님으로부터 프라모델에 관한 기초지식부터 조립, 도색방법까지 배울 수 있으니 방구석 취미에만 머물던 수준을 훌쩍 넘어설 수 있으니 너무나 열정적으로 동아리 활동에 참여해 주었다. 그리고 늦은 가을 동아리 한마당 행사 때 그동안 작업했던 작품들을 보완하고, 장식 베이스까지 손수 만들어서 작은 전시회를 열기도 했는데 학교에서는 보기 어려운 프라모델 전시회여서인지 학생들의 반응은 폭발적이었다. 그리고 전시 부스를 지키면서 다른 학생들을 안내하고 설명해 주는 동아리 학생들의 즐거운 얼굴에서 작은 보람도 느낄 수 있었다. 그리고 학교에서 우려했던 것과는 달리 학업에 지장 없이 자투리 시간을 활용하고, 큰 작품은 협업을 통해 제작하도록 하여 학생 간의 돈독한 정을 쌓을 수 있는 좋은 기회이기도 했다.

조금은 생소한 프라모델 동아리를 운영하면서 평소 늘어지고 찌든

모습에만 익숙했던 나에게 학생들의 작은 변화는 큰 울림이 되어 돌아왔다. 또 한편으로는 타성에 젖어 예전에 하던 대로만 동아리 활동을 하려고 했던 나 자신을 반성하는 계기가 되기도 했다.

동아리 활동이 동아리 활동다워지려면 구색 맞추기, 스펙 쌓기 중심의 동아리 활동에서 탈피하여 학생들이 하고 싶어 하는 동아리 활동이 무엇인가를 먼저 살펴야 하며, 우리 선생님들도 정형화된 동아리 활동 개념에서 벗어나 발상의 전환을 할 필요가 있다고 본다. 기존에 해오던 것을 한순간에 바꾼다는 것은 쉽지 않은 일이다. 하지만 지금의 편안함만을 추구하다 보면 발전은 없다. 변화를 두려워하지 말고 무엇이 학생들에게 조금이라도 도움이 될지를 먼저 생각해야 한다.

내가 생각하는 동아리 활동은 이랬으면 하는 바람이다. 일단 동아리 활동은 모든 것을 다 차치하고라도 즐거워야 한다. 그리고 학생들이 자발적으로 참여할 수 있어야 한다. 학년 초에 자의 반 타의 반으로 가입하는 동아리가 아니라 학생 자신이 하고 싶은 동아리여야 하고, 없다면 만들어서라도 할 수 있도록 조력해야 한다.
하나씩 하나씩 이루어 가는 과정을 통해 성취의 기쁨을 스스로 느끼게 해 주어야 한다. 첫술에 배부를 수는 없다. 시행착오를 겪더라도 학생들 스스로 극복할 수 있게 지켜봐 주고 지원해 줌으로써 학생들 자신이 성취해 가는 기쁨을 느끼게 할 수 있다면 더할 나위 없을 것이다.

단순히 입시에만 매몰된 반쪽짜리 동아리 활동, 대학입시를 위한 스펙 쌓기용 동아리 활동이 아니라 학생 자신도 몰랐던 자신의 재능과 끼를 발견하고 발산할 수 있는, 그것을 통해 한 걸음 더 성장할 수 있는 계기가 되어야 한다. 그래서 학교를 향하는 학생들의 발걸음에서 즐거움이 묻어날 수 있게 해야 한다.

| 꿈과 흥(興)의 비빔밥, 수학여행을 위한 제언 |

얼마 전 조금 일찍 퇴근했더니 딸아이가 컴퓨터 앞에서 무언가를 열심히 찾아보면서 노트에다 쓰고 있었다. 수행평가나 과제를 하는 것이려니 했는데 웬걸 여행지, 놀이공원, 맛집 등등의 놀기 정보만 모니터에 가득했다. 하도 진지하고 열심히 하길래 한동안 지켜보다가 뭐 하는지 물어봤더니 수학여행 코스랑 프로그램을 짜고 있단다. 깜짝 놀라 그런 것은 학교에서 선생님들이 하시는 거 아니냐고 물었다. 그랬더니 이번 수학여행은 소규모로 여러 지역으로 가서 아이들도 수학여행 코스 짜는 데 동참하게 되어 정보를 찾아보고 있는 거란다. 그리고 실제로 나중에 딸아이가 제출한 수학여행 코스가 압도적인 지지를 받아 결정되었고, 학생들의 만족도도 높았다고 한다.

딸아이의 사례를 보면서 우리가 지금 실시하고 있는 수학여행에 대해 진지하게 고민해 보게 되었다. 대부분의 학교들이 수학여행을 단어 뜻 그대로 배움을 찾아 떠나는 여행이라는 의미보다는 즐기는 데 더 큰 방점을 찍고 있는 것이 현실이다. 더구나 해마다 수학여행 장소는 거의 제주도로 확정되어 있다시피 하니 1학년을 많이 담당하시는 선생님들은 이미 갔던 곳을 여러 번 반복해서 가게 되므로 여행 가기 전의 설렘보다는 이미 예견된 지루함에 별 감흥도 없을 정도라고 한다. 아이들은 또 어떤가? 요즘은 예전과 달리 여행 가기가 어렵지 않아서 제주도는 그냥 가볍게 다녀오는 여행지 정도로 인식되어 무언가를 체험하고 배우는 것보다는 정해진 코스를 따라 돌면서 버스에 실려 다니고 있으니 당연히 지루할 수밖에.

수학여행이 학교를 벗어나서도 아이들에게 교육적인 시간이고 활동이 되려면 기존에 습관처럼 해 오던 수학여행의 틀을 과감하게 벗어나야 한다. 천편일률적으로 가는 여행지가 아니라 테마를 정하고 그에 따른 준비과정에 학생들이 일정 부분 동참하게 만듦으로써 수학여행의 객체가 아닌 주체로서의 인식도 길러 주어야 하고, 여행을 통해 평소 학교에서 배우지 못했던 것들을 배울 수 있는 유의미한 시간이 되도록 수학여행의 패러다임을 바꿔야 한다.

그래서 나는 이런 제안을 해 본다. 멀리 가고, 비싼 돈을 들여야만 좋은 수학여행이 아니다. 가장 중요한 것은 관성처럼 가는 통상적인 여행지가 아니라 학생들에게 꼭 보여줄 가치가 있는, 교실에서는 배우기가 어려운 살아 있는, 생기부 스펙용이 아닌 그런 수학여행이어야 한다. 주제별, 권역별로 나누어 답사주제를 정하고, 학년 전체가 움직이는 것보다는 소규모 테마 학습 위주로 구상해서 움직이는 동시에 학생들이 동참하는 개방형 수학여행이 바람직하다고 본다. 일부 학교들에서는 이미 실시하고 있는 방법이지만 좀 더 세밀한 부분까지 다듬는 과정을 통해 일반적인 답사가 가지는 따분함이나 재미없음에서 벗어나 재미와 체험학습이 적절하게 균형을 이루는 수학여행 프로그램을 개발해야 한다. 단, 주의해야 할 점은 재미를 추구하면 남는 것이 없고, 의미를 중시하면 재미가 없는 문제점을 극복할 효율적이고 합리적인 구상이 필요하다는 것이다.

예를 들어 재미와 교훈을 동시에 취할 수 있는 강화도와 고려 항몽 유적지 답사, 물돌이동을 타고 흐르는 조선 선비의 얼과 탈춤, 동강을 따라 흐르는 단종애사와 아우라지 뗏목체험, 인천, 군산, 목포 등 대한민국 근대화의 현장 탐방 등의 프로그램 운영을 들 수 있을 것이다.

그리고 수학여행이 의미 있는 시간으로 오래 기억되려면 여행을 다녀오는 것에만 의미를 두지 말고 학급별로 소감문을 작성하거나 답사기, 롤링페이퍼, 사진첩, 동영상 제작 등을 통해 수학여행의 의미를 되짚어 보고, 조금씩 더 나은 프로그램으로 개선해 감으로써 수학여행의 다양성을 확보하고 학생들에게 보다 많은 체험기회를 제공해 줄 수 있어야 한다.

3부 나는 대한민국 선생님이다

| 교직을 꿈꾸는 이들에게 |

　2018년 교육부가 조사한 중고생들이 가장 선호하는 희망직업 1순위는 무엇일까? 공무원? 판검사? 공학자? 경영인? IT전문가? 아니다. 중고생들이 선호하는 직업 1순위는 바로 '교사'이다. 그다음이 공무원, 간호사, 경찰관, 뷰티 디자이너, 군인 등의 순이라고 한다. 그렇다면 이러한 선호직업들의 가장 큰 특징은 무엇일까? 바로 '안정성'이라고 할 수 있다. 그리고 인공지능(AI)이 고도로 발달하더라도 대체될 수 없는 직종 중 하나가 '교직'이라고 한다. 이것은 아마도 고도로 프로그래밍 된 인공지능이라고 할지라도 인간이 인간을 기르고 가르치는 '교육'이라는 정신적인 개념을 수치화하고 똑같이 구현해 낼 수 없기 때문일 것이다. 그러므로 '교직'은 최근 급격하게 관심받고 있는 4차 산업혁명 시대가 된다고 하더라도 오히려 그 중요성이 증대되리라고 본다.

　그리고 지금도 다수의 대학들이 사범대학을 운영하고 있고, 대입 전형에서도 상위권을 줄기차게 유지하고 있으며, 많은 수의 예비교사들이 선생님이 되기 위하여 상당 기간을 임용고시 준비에 매달리고 있는 실정이다.

　사실 교직이 이렇게 인기 직종이 된 것은 그리 오래지 않았다고 할 수 있다. 내가 어렸을 적만 해도 교직을 선생'질'이라는 이름으로 폄훼하고 멸시하는 것이 다반사였다. 특히 남자들이 교직을 선택하는 것은 그리 환영받지도 못했고, 여성들의 경우에는 일등 신붓감으로 꼽는 조건 중 하나였던 시절도 있었다. 그리고 우리 사회는 1997년 IMF 체제를 거치면서 사회구조의 전반적인 해체와 재구성이 이루어지는 과정에서 과거에는 볼 수 없었던 급격한 변화를 겪게 되었고, 특히나 경제적 어려움을 많이 겪던 세대들이 직업 안정성을 추구하는 경향이 점차 많아지다 보니 교직이 선호직종으로 급부상하게 되는 결과를 낳았다고 할 수 있다. 또 교직을 선호하는 이유 중 하나는 다른 직종에 비해서 안정적인 근무여건이 보장된다는 것과 고소득은 아니지만 노후에 대한 보장이 상대적으로 좋기 때문이다. 그런 세태가 반영된 탓인지 날로 교직에 대한 선호도가 높아지고 덩달아 대입에서도 사범대학이 차지하는 순위는 대부분 최상위권에 자리하고 있는 것을 알 수 있다.

그런데 과연 교직이 직업적 안정성과 노후보장이라는 조건만으로 접근해야 할 대상인가에 대해서는 나 스스로 의문이 들 때가 많다. 대학에서 교육학을 배울 때 '교직관'에 대해 과거에는 주로 사명감을 강조한 '성직관'이 우세했지만, 시대가 변할수록 '노동직관'이라는 새로운 관점이나 양자를 절충하는 관점도 생겨났다. 그런데 지금 학생들이 교직을 선호하는 이유는 사명감을 전제로 한 '성직관'보다는 경제적 안정성을 강조하는 '노동직관'쪽으로 흐르고 있는 것 같아 개인적으로는 걱정이 앞선다.

학생들을 지도하면서 교직을 희망하는 학생들과 상당 기간에 걸쳐 상담을 해 보면 왜 교직을 선택하게 됐느냐는 질문에 막연하게 선생님이 좋아서라는 이유에서부터 사명감이나, 집안의 영향, 주위의 권유, 직업 안정성 등 다양한 동기를 이야기하는데, 의외로 직업 안정성을 중시하는 경향이 많은 편이다.(물론 사견임을 전제로 한다. 오해 없으시기를……)

물론 사람이 살아가면서 안정된 밥벌이를 찾고자 하는 것은 누구나 원하는 것이다. 요즘같이 취업하기 어려운, 취업해도 불안정한 시대에 안정적이고 경제적인 측면에서도 괜찮은 교직을 선호할 수밖에 없음도 이해할 수 있다. 하지만 교직은 단순한 경제 논리로 접근해서는 안 된다고 생각한다. 적어도 사람을 가르친다고 함은 지식적인 측면에서의 조력자 역할에만 그치는 것이 아니라 사람이 성장하고 바르게 나아갈 수 있도록 모범을 보이고, 길을 알려주는 지식과 인생의 디딤돌이 되는 것이어야 한다. 단순히 돈 몇 푼에 흔들리는 삶이 아니라 뿌리 깊은 나무처럼 이 세상의 비바람도 굳건히 견뎌낼 수 있고, 땅속 깊은 곳에서 솟아나는 작은 샘물이 굽이치고 떨어지고 흐르고 흘러서 큰 바다에 닿을 수 있도록 해 주는 길라잡이이자 푯대가 되어주는 것이어야 한다.

지금 이 시간도 교단에 서기 위해, 좋은 선생님이 되기 위해 열심히 자기 자신과 싸우고 있을 수많은 예비교사에게 마음 깊숙한 곳으로부터 솟아나는 진솔한 격려와 응원을 보낸다.

스승의 날 단상

5월 15일, 스승의 날.

어김없이 돌아오는 선생님에게는 세상에서 가장 불편하고 부담스러운 날. 선생님도 학생도, 학부모도 서로 불편한 날.

스승의 날 전후로 부쩍 매스컴에서는 교육 관련 뉴스를 홍수처럼 쏟아낸다. 우리가 처한 교육의 현주소를 짚어보고 적절한 대안을 마련한다거나 교육현장의 애로사항을 알리는 것보다는 대체로 교사에 의한 체벌, 언어폭력 사례, 촌지 등 교사에 대한 부정적인 이미지나 선입견을 심어줄 수 있는 뉴스들이 많아 씁쓸한 기분이 들 때가 많다. 스승을 위한 날이라면서 스승을 부정한 집단으로 몰아가고 매도하는 날이라면 차라리 없애버리는 것이 낫지 않을까 하는 생각을 할 때가 한두 번이 아니다. 아마도 상당수의 선생님이 비슷한 경험이나 생각들을 해 보았을 것이다.

그래서 나는 예전부터 스승의 날에 내가 맡고 있는 학급에서 어떤 행사도 하지 말라고 가르쳐 왔다. 칠판에 쓰는 감사 인사도, 롤링 페이퍼도, 아이들이 십시일반으로 준비한 케이크도, 카네이션 한 송이도 준비하지 못하게 했다. 아이들의 입장에서는 담임선생님의 처사가 서운할 수도 있겠지만 내 생각에는 일 년에 단 하루 그냥 의례적인 행사처럼 지나가는 이 날이 너무도 못마땅하고 부질없게 느껴졌다. 그래서 외려 아이들에게 아이스크림을 사 주면서 이렇게 달래곤 한다.

"너희들의 마음은 모르는 것은 아니다. 하지만 아직도 이 선생님은 너희들로부터 이런 감사를 받기에는 너무나도 모자란 사람이다. 지금은 아쉽고 서운할지도 모르지만 나중에 너희들이 어른이 되어서 선생님의 마음을 이해할 수 있는 때가 되면 그때 정말 감사하는 마음으로 스승의 날을 같이 기념하자."

세상은 우리를 여전히 편견의 잣대로 재단하고 부정한 집단으로 매도하지만 우리는 우리의 길을 묵묵히 갈 뿐이다. 스승의 그림자도 밟지 않는다던 그런 시절을 원하는 것은 아니다. 부당한 촌지와 선물을 바라는 것은 더더욱 아니다. 우리는 그저 제대로 가르치고 싶을 뿐이다. 시험문제 푸는 기계를 기르는 것이 아닌, 머리는 차갑고 가슴은 더 차가운 그런 아이들이 아닌, 그저 사람 냄새 나는 그런 아이들로 키우고 싶을 따름이다.

나는, 우리는 그저 이 땅 대한민국의 선생님이고 싶을 뿐이다.

| 교사, 고민 저장소 |

교사로서 누구나, 항상 가지게 되는 고민 중 하나가 성적향상일 것이다. 오늘…… 다시금 이 고민에 빠져들 수밖에 없는 상황 속에서 갈피를 못 잡겠다. 관리자들의 시각에서 보자면 성적향상은 자신의 실적이며 자존심일 것이고, 존재 이유일지 모른다. 하지만 근시안적인 성적향상만을 위해 아이들을, 교육을, 수업을, 교사를 무시하고 일방적으로 수업시스템을 바꾸려는 기막힌 상황을 겪으면서 많은 생각을 하게 된다. 더 많은 문제집과 참고서를 풀게 하고, 쉴 틈 없이 시험을 보여서 긴장감을 유지하고, 시험 앞두고서는 진도 상관없이 예상문제, 기출문제 죽도록 풀리라는 관리자의 스스럼없는 이야기는 빛 조각 하나 없는 구렁텅이로 던지는 느낌이랄까……

물론 열심히 가르치고 아이들도 좋은 성적을 거둔다면 더할 나위 없이 좋겠지만 현실은 내 뜻대로 되지만은 않는다. 이렇게 계속되는 시험과 삶을 짓누르는 참고서의 무게에 우리 아이들은 과연 행복할까?

얼마 전 최상위권 학생에게 '나중에 뭐하고 싶냐'고 물었을 때 아무런 꿈이 없다는 대답을 듣고 얼마나 당혹스럽던지……. 시를 시답게, 소설을 소설답게 가르칠 수 있는 그런 시간은 올까? 식영정에 앉아 '성산별곡'을 펼쳐놓고 아이들이 스스로 느끼게 하고 싶고, 영랑생가

언저리 모란꽃을 보며 '모란이 피기까지는'을 가르쳐보고 싶다. 이런 상황이 지속된다면 과연 학교는 학교로서의 본분을 다할 수 있을까?

오늘따라 내가 선생이라는 것이 형언키 어려운 무게로 짓눌러 온다…… 에휴~~~~!

| 교육의 질은 교사의 질을 넘을 수 없다 |

"교육의 질은 교사의 질을 넘을 수 없다."

좋은 교육과정과 좋은 교과서, 참고서가 있다 하더라도 교육 활동을 이끌어 가는 주체는 교사라는 것과 학생과 교과에 대한 교사의 이해수준과 노력이 수업의 질을 좌우하고 궁극적으로는 교육의 질과 성패를 가늠하는 척도가 된다는 의미이다. 교직에 첫걸음을 내딛던 그 순간부터 귀에 못이 박이도록 많이 들어온 말이자 대한민국의 선생님이라면 누구나 한 번쯤은 공감하며 고개를 끄덕였을 한마디이다. 너무 많이 들어서 오히려 식상할 정도이지만 이 땅의 선생님으로 살아가는 사람이라면 늘 가슴 깊은 곳에 새겨두고 살아야 할 말이기도 하다.

1980년대의 획일화된 주입식 교육의 세례를 받고 자라난 나는 교직 생활 초기에 의욕이 너무 앞선 나머지 많은 시행착오를 겪었다. 열심히 가르쳐보겠다는 생각에 칠판 한가득 판서로 도배를 하고 그래도 부족한 부분은 프린트를 만들어서 학습지로 배부하기도 하는 등 나름 열정적이고 노력하는 선생님이라는 평을 들었지만, 시간이 흐를수록 교수 방법이나 수업 활동에 대해 많은 생각을 하게 되었다. 하나라도 더 가르치려는 욕심에 판서를 많이 하다 보니 학생들이 강의내용 설명을 듣는 것이 아니라 필기하기에 바빠 허덕이는 모습을 보면서 과연 나의 수업방식은 적절한가에 대한 고민을 거듭했다. 그래서 수업시간별 학습 활동지를 만들어서 학생들이 모둠 활동을 통해 스스로 찾아보도록 지도하거나 그 당시에 보급되기 시작한 실물화상기, TV, 각종 영상자료 등을 적절하게 활용해서 학생들의 수업 참여를 유도하기도 했다. 어떤 것은 기대치 이상으로 효과적이었지만 반대로 그렇지 못한 경우도 있었다.

　지금은 인터넷이나 태블릿, SNS 등을 활용하거나 학생 중심형 수업, 협력 수업 등 다양한 방법을 통해 나 스스로 교과에 대한 이해를 높이고 학생들은 자기 주도적으로 수업에 참여할 수 있도록 해 줌으로써 점진적이지만 좋은 결과를 보이기도 한다. 그리고 교육의 질 향상을 위해 무엇보다 중요한 것은 선생님 자신의 부단한 자기 계발 노력과 교과 전문가로서의 전문성 함양이다.

　우리 학교의 경우 동 학년, 동 교과 선생님들이 학년 초에 교과협의회를 통해 교과 내에서 각자의 역할분담을 한 후 책임지도 하는 '분업형 협업 수업시스템'을 활용하고 있다. 가령 내가 가르치는 국어 교과의 경우 선생님들의 세부 전공을 고려하여 화법·작문·문법, 문학, 독서의 세부 영역으로 나누어 사전 수업 설계를 한 후 수업을 진행하고 있다. 거기에 더해 선생님들 전공 분야에 적절한 수업자료 구성과 제작, 교육자료 및 정보의 공유 등을 통해 개인적·교과적 차원에서의 전문성 함양에도 힘쓰고 있다. 사실 전 분야를 아우르기는 생각보다 쉽지 않은 까닭에 전공 분야에 따른 업무 분장을 통해 보다 더 전문적인 지식을 학생들에게 전수할 수 있는 장점이 있다.

교직 생활 경력이 늘어나는 만큼 교육환경도 급변하고 있고, 교과 지도 방식도 교육과정의 개정과 변화에 따라 시시각각 변화하고 있다. 따라서 교육환경의 변화에 얼마나 선생님들이 능동적으로 대처하고 자기 계발을 하느냐에 따라 선생님 개인적으로는 교과 전문가로서의 자존감을 향상시킬 수 있을 것이요, 궁극적으로는 교육의 질적 향상도 가능해질 것이다. 결국 교육의 질은 교사의 부단한 자기 계발 노력과 전문성 함양에 따라 얼마든지 달라질 수 있는 것이다.

'통(通)하라' - 교사와 교사 사이

20대의 마지막 끝자락을 잡고 교직에 들어선 지 벌써 이십여 년의 세월이 지나갔다. 짧지 않은 세월 선생님이라는 삶을 살면서 다사다난했던 시간들은 내가 더욱 단단한 선생님으로 성장하는 밑거름이 되어주었다. 입직할 때만 해도 나는 새파란 햇병아리 선생님에 지나지 않았고, 열정과 패기로 똘똘 뭉쳐 있었다. 무엇이든 열심히 하려고 했고 때로는 열정이 지나쳐 실수하는 경우도 종종 있었다.

선생님으로 살아가는 삶은 일반 회사처럼 위계와 직급이 거의 없는 수평적 구조라서 선후배 선생님들 간에 나이를 의식하지 않고 지내는 경우가 많다. 그러다 보니 나이와 세대 차이를 불문하고 끈끈한 동료애로 잘 뭉칠 수 있었던 것 같다. 그런데 한 해 두 해 나이를 먹고 교직경력이 쌓여가다 보니 어느새 후배 선생님들과 나이 차가 많이 나기 시작함을 느꼈다. 최근에 부임한 후배 선생님들의 연령대가 내가 부임하던 그때와 비슷하고, 내 모습은 그 시절 까마득하게 높게만 보였던 선배 선생님들의 모습이 되어 있었다.

학교생활을 하는 것은 예전과 크게 다를 바 없지만, 간간이 후배 선생님들과 사고방식이나 가치관의 차이가 크게 나는 것을 느낄 때가 점점 많아지는 것 같다. 게다가 예전보다 학교문화도 많이 바뀌어서 학년별 운용시스템을 적용하다 보니 같은 학년이 아닌 경우 대면할 기회도 많이 줄어들었고, 밤늦게까지 이어지는 회식이나 음주 가무도 눈에 띄게 줄어들어 어울릴 기회가 많지 않다. 또한 자신의 의사 표현도 확실해져서 예전 같으면 선배 선생님 눈치 보면서 내키지 않는 술자리에 불편하게 동석하거나 늦게까지 시달리는 일이 빈번했지만, 요즘은 개인적인 볼 일이나 선약이 있는 경우 스스럼없이 이야기하곤 한다. 참으로 격세지감이 아닐 수 없다.

취미활동도 이러한 세대 차이를 실감하게 하는 중요한 부분이다. 스마트폰이 일상화되면서 어른이나 아이 할 것 없이 스마트폰 게임을 많이 하고 있는데 선생님들도 예외일 수는 없는 것 같다. 교무실에서 보면 선생님들도 쉬는 시간이나 공강 시간에 스마트폰이나 컴퓨터를 이용해서 게임을 하는 경우도 자주 보이고, 심지어는 수업에 들어가면서 게임을 자동 모드로 전환하고 들어가는 경우도 제법 많은 편이다. 심지어 학생을 불러다 앉혀놓고 이야기를 하면서 선생님의 시선은 게임화면에 머물러 있어 불편했던 적도 있었는데 학생은 아무렇지도 않게 생각했었다. 물론 게임을 하는 것이 나쁜 것은 아니지만 적어도 학생지도를 하는 상황에서는 조금만 자제했으면 어떠냐는 생각과 아쉬움을 느꼈다.

물론 이러한 변화들이 나쁘다는 것은 절대 아니다. 하지만 우려되는 부분도 있는 것이 사실이다. 인식이나 가치관의 차이가 커지다 보니 선생님들 간의 교류도 예전에 비해 상대적으로 소원해지는 경우도 많고, 구성원들 간의 긴밀한 소통과 협력이 중요시되는 학교에서 교류 부족과 소통 부재로 인한 문제점들도 심심찮게 보이는 것 같다. 그리고 이러한 선후배 선생님 간의 소통 부재나 부족은 선배 선생님들이 오랜 재직 기간 동안 쌓아온 값진 교육적 경험을 공유하기 어렵게 만드는 장애물이 되기도 하고 선후배 선생님 간 의도치 않은 오해의 소지가 되기도 한다. 이러한 문제점들을 보완하기 위한 목적으로 '수석교사제도'와 같은 훌륭한 시스템이 운용되고 있지만 아직도 많이 일반화되지는 못한 실정이다.

나는 개인적으로 선생님들 간의 상호 소통과 교류가 강화되어야 한다고 생각한다. 물론 그것이 개인의 사생활을 침해하거나 개인의 의사에 반해서는 안 된다는 점도 공감한다. 하지만 교직 사회의 특성상 선배 선생님의 교육경험은 후배들에게 긍정적인 면에서건 부정적인 면에서건 많은 도움이 된다고 생각한다. 물론 나이가 어리다고 그 선생님의 교육적 역량이 떨어지는 것은 아니다. 오히려 최신 교수학습기술을 더 잘 알고 있고 학생들과의 소통도 더 자유롭다는 점에서는 선배 선생님들도 배울 만한 부분이 있는 것도 사실이다. 그러므로 우리 교직 사회가 더 탄탄하고 내실 있는 조직으로 성장, 진화하고 그런 과정에서 얻어지는 결과물을 학생들을 위해 사용한다면 우리가 그렇게 바라마지 않는 공교육의 내실화를 달성할 수 있는 좋은 자양분이 될 것이다. 그러기 위해서는 무엇보다도 선후배 선생님 간 소통 구조의 강화가 절실하다. 소통의 강화를 통해 서로에 대한 인식 부족을 해소하고, 상호 간 교육적 노하우 전수를 통해 교육의 질적 가치를 높일 수 있을 것이다.

후배는 선배에게 배우는 것을 시대에 뒤처진다는 이유로 거부하거나 외면하지 말고 선택적, 자기 주도적 수용을 통해 자신의 교육적 역량을 강화하고, 선배는 후배에게 배우는 것을 부끄럽게 여기지 않는 '불치하문(不恥下問)'의 자세로 받아들인다면 신구세대의 결합과 상호전수로 우리의 교육은 더 튼실해질 것이고, 우리가 가르치는 학생들은 더 양질의 교육을 받음으로써 삶의 질적 가치를 높일 수 있을 것이다.

부끄러운 고백, 교육적 체벌

TV나 뉴스 보도를 보면 종종 교사에 의한 과도한 학생체벌이 사건화되어 보도되는 경우를 종종 보게 된다. 나도 학생들을 가르치고 있지만 뉴스 보도에 등장하는 소위 '폭력교사'들을 보면 착잡한 심정을 금할 수 없다. 그렇다고 해서 그들이 행한 야만적인 폭력을 두둔하거나 덮어줄 생각은 조금도 없다. 이유야 어찌 되었건 폭력은, 그것도 학생들에 대한 폭력은 정당화될 수 없는 것이다.

지금 돌이켜보면 나의 학창시절은 선생님에 의한 폭력이 일상화되어 있던 시절이었다. 가부장제 사회의 끝자락에서 태어나서 그 그늘 속에서 교육을 받고 자라다 보니 선생님들에 의해서 행해지는 체벌에 대해서 별다른 생각을 느끼지 못할 정도로 둔감했었다. 그리고 지금도 그렇지만 대학 입학이 일생일대의 목표인 양 중시되던 시대였던지라 선생님에 의한 체벌마저도 다 학생들을 위한 관심과 사랑의 발로라고 그럴싸하게 포장되곤 했던 시절이었다. 월말고사, 중간고사, 기말고사, 연합고사 등등의 각종 시험이 끝나고 성적표가 나올 즈음이면 교실은 차진 매타작 소리로 돌림노래를 부를 정도였다. 생각해 보니 그 시절, 참 많이 맞았다. 그런 체벌의 세례 속에서 힘난한 학창시절을 보냈음에도 불구하고 체벌의 부당함이나 문제점에 대해서는 전혀 생각해 보지 않고 살았다는 것이 지금 생각해 봐도 참 신기하기만 할 따름이다.

그런데 부끄럽게도 나 또한 교직에 들어선 때부터 지금까지 체벌 문제에 대해서는 떳떳하다고 말할 자신이 없다. 경험이 일천했던 햇병아리 교사 시절, 학생들을 잘 지도하겠다는 의욕이 넘친 나머지 무섭게 학생들을 닦달하기도 하고, 때로는 교육이라는 핑계로 과도하지는 않지만(역시나 부끄럽게 '나의 관점'에서 과도하지 않은) 약간의 체벌을 아무런 죄의식 없이 행했다. 어느새인가 나의 한 손에는 '교편(敎鞭)'이라는 이름의 회초리가 들려 있었고, 나도 예전 학창시절의 선생님들처럼 교육적 목적으로 학생들을 사랑하니까 매를 들어서라도 제대로 가르쳐야 한다는 타성에 젖어 있었던 적도 있었다. 그리고 학생지도를 위해서라면 약간의 체벌은 용인되어야 한다는 생각을 가졌던 것도 부인하지 못한다.

어떤 사람들은 아직도 교육적 목적을 위해서라면 적법한 테두리 안에서의 체벌은 허용되어야 한다고 주장한다. 그리고 영국을 비롯한 다른 나라의 체벌제도를 사례로 들어서 체벌의 필요성을 주장하기도 한다. 또 요즘은 학생 인권을 너무 과도하게 강조하다 보니 학생생활지도를 포기해야만 하는 상황에 이를 정도여서 학교현장에서 학생지도를 위해서라도 체벌은 있어야 한다고 주장하는 사람도 있다. 물론 일정 부분은 동의한다. 하지만 학생지도를 위한 강력한 제재수단인 체벌 말고는 다른 효율적이고 인권 친화적인 대안은 없을까?

백번 양보해서 아무리 교육적 목적으로 체벌을 가한다고 하더라도 당하는 입장에서는 결코 유쾌한 기분은 아닐 것이다. 세상에 맞으면서 즐거워하는 사람은 없는 법이다. 그리고 체벌을 가하는 선생님 입장에서도 성인군자가 아닌 이상 감정의 응어리가 한 톨도 안 섞였다고 할 수도 없을 것이다. 그렇게 되면 본인이 의도치는 않았겠지만, 감정적 체벌로 변질될 수밖에 없을 것이다.

그렇다고 해서 학생지도를 포기할 수는 절대로, 절대로 있을 수 없는 일이다. 학생이 잘못한 것에 대해서는 반드시 자신의 잘못을 뉘우치게 할 교육 차원의 징벌적 제재는 있어야 한다고 생각한다. 그것이 서로의 감정을 상하게 하고 교사와 학생 사이의 보이지 않는 벽을 만드는 체벌이 아닌 다른 방법이어야 한다는 것이다.

학교는 단순하게 지식전달의 장만은 아니다. 학생의 지적 능력과 인성을 고루 길러주는 곳이 학교이다. 시대가 변하고 상황이 달라졌다고 해서 우리 선생님들이 학생지도를 포기해서는 안 된다. 그런데 문제는 뾰족한 방법이 없다는 것이다.

그래서 이런 제안을 해 본다. 학생이 교칙을 위반하거나 학생답지 않은 행위로 인해 징계를 받게 된다면 그 경중에 따라서 물리적인 체벌 대신에 지벌(智罰)과 덕벌(德罰)을 주는 건 어떨까?

지벌(智罰)과 덕벌(德罰), 참 생소한 단어일 것이다.

지벌(智罰)은 일종의 경징계로 잘못을 한 학생에게는 학생이 저지른 잘못과 관련 있는 내용이 포함된 동서양 고전을 선택하여 일정 부분 필사를 하게 하고 그 내용에 대한 장문의 감상문을 자신의 행위와 연관 지어 쓰게끔 하는 것이다. 필사 과정을 통해 자신의 잘못을 스스로 돌아보고 뉘우치게 하는 벌로, 불성실하게 할 경우 처벌 기간이나 필사량을 늘리는 방식으로 진행한다. 이 방법은 예전에 내가 맡은 반에서 부분적으로 시행해 보았는데 의외로 효과적이었다. 상당히 지루하고 따분한 작업이지만 상당수의 학생들이 자신이 잘못한 내용과 관련 있는 동서양 고전을 필사하면서 조금은 뉘우치고 반성할 수 있는 시간을 부여해 준다는 점에서 권장해 볼 만한 방법이다.

덕벌(德罰)은 약간 중(重)한 잘못을 한 학생들을 대상으로 일정 기간 반성문을 제출하게 하고 교내봉사활동을 부여하며, 전문상담교사나 외부 전문가의 멘토링을 받는 것이다. 이러한 과정을 통해 학생 스스로가 자신의 잘못이 무엇인가를 명확하게 인지하고 무엇이 잘못되었으며, 무엇을 어떻게 고쳐야 하는지를 알게 함으로써 효율적인 학생지도를 하고, 전문가들의 적절한 조언을 통해 부족한 부분을 보완하도록 지속적으로 관리함으로써 교육적 효과를 높이는 것이다.

물론 여기서 이야기한 지벌(智罰)과 덕벌(德罰)은 하나의 사례로써 제안한 것이지 절대적인 것은 아니다. 우리 선생님들은 모두가 자타가 공인하는 교육전문가들이니만큼 구시대적 유물인 교육이라는 미명 하의 체벌 대신 인권 친화적이고 감동과 행동의 변화를 가져올 수 있는 좋은 방법들을 다 같이 고민하고 찾아봤으면 싶다.

환골탈태 교직원 회의

우리 학교는 매주 월요일에 전체 교직원 회의를 한다. 시험이나 학교행사 같은 특별한 일정이 없는 한 매주 꼬박꼬박 회의를 한다.

회의순서나 내용도 늘 한결같이 국민의례, 부서별 전달 및 공지사항, 전달 연수, 교감 선생님 강조사항, 학교장 강조사항 등의 순으로 이어진다. 회의에서 다루어지는 내용들은 대부분 사전 기획 회의를 통해 결정된 사항이거나 상명하달식의 내용전달이 대부분이다. 학교구성원인 교사들이 모여서 학교의 여러 가지 사안을 토의하고 결정한다거나 의견을 수렴하는 본연의 목적과는 완전히 괴리된, 차라리 교내 메신저를 통해서 일괄공지해도 아무런 문제가 없는 내용들을 굳이 회의라는 미명 하에 전체 선생님들을 한자리에 모아놓고 상명하달식으로 전달하는 교직원 회의는 시간 낭비일 뿐이라는 생각을 늘 하게 만든다.

이러다 보니 회의시간이라는 엄숙함이나 경직된 분위기는 거의 없다고 해도 무방할 것이다. 또한 교직원 회의에 참석하는 선생님들의 모습을 보면 천차만별이다. 경청하는 사람, 책을 읽는 사람, 핸드폰을 하는 사람, 옆자리 선생님과 대화를 하는 사람 등등. 형식만 그럴싸하게 갖추고 알맹이는 없는 이러한 교직원 회의는 이제 새로운 대안을 모색해야 할 시기라고 생각한다.

교직원 회의가 지향해야 할 모습은 학교구성원들이 학교의 제반 문제나 교육적 고민, 구성원 간의 토론과 협의가 반드시 필요한 사안들을 열린 공간에서 흉허물없이 털어놓고 더 나은 대안을 모색하는 상생의 장이 되어야 한다.

나는 이렇게 제안하고 싶다. 교직원 회의, 필요하다. 해야 한다. 다만 정례적인 회의는 최대한 지양하고 메신저를 활용하거나 부서별로 담당하게끔 한다면 불필요하게 전체 선생님들이 모여서 그냥 관망자의 모습으로 앉아 있는 대신 그 시간에 아이들을 위한 수업 연구나 상담 등으로 더 알차게 보낼 수 있다고 생각한다. 그리고 꼭 필요한 사안에 대해서는 회의 내용을 사전에 공지하고 구성원들의 의견을 수렴하거나 협의하는 방향으로 바꿔보는 것은 어떨까?

교직원 회의를 건전한 토론의 장으로 활용해야 한다. 과거에 비해 학교문화가 많이 개선되고 자율성이 보장된다고는 하지만 아직도 흡족할 정도는 아니라고 생각한다. 더 이상 선생님들이 청자나 회의의 타자가 되어서는 안 된다. 학교운영의 주체로서 책임감을 자각하고 일방적인 상명하달식의 회의에서 벗어나서 학교와 학생, 교사의 즐겁고 행복한 학교생활을 위한 방안을 서로 머리 맞대고 협의하는 시간이어야 한다. 그러다 보면 때로는 웃음보가 터질 때도 있을 것이고, 때로는 언성을 높이고 얼굴을 붉혀야만 하는 상황도 생길 수 있을 것이다. 하지만 그런 대립이나 갈등이 싫어서 외면한다면 학교는 발전할 수 없다.

흉금을 털어놓고 가장 최선의 결론을 이끌어내기 위해 모두가 공감하고 참여해 준다면 학교는 좀 더 자유로워질 것이고, 그 자유로움 속에 우리는, 학생들은 더 행복해질 것이다.

김영란법, 누구를 위한 법인가?

장면#1

스승의 날 아침. 작년에 담임을 맡았던 학생 하나가 자동판매기에서 평소에 내가 좋아하던 음료수를 하나 뽑아가지고 교무실로 와서 수줍게 내민다.

"선생님, 스승의 날 축하드립니다. 그리고 이거요."

"……"

"저…… 혹시 너무 선물이 작아서……"

"아니야. 너무 고마운데, 그리고 네 마음도 잘 알겠는데, 허 참. 이런 거 받으면 안 되는 거 너도 알잖니."

"그래도 선생님, 이건 제 마음인데 김영란법하고는 상관없잖아요."

"안다, 알아. 하지만 세상에는 지켜야 할 법이 있는 거란다. 네 고운 마음은 꼭 기억할게. 미안하다."

뒤돌아서 가는 학생의 뒷모습을 보면서 마음속으로 수도 없이 미안하다는 말을 되뇌었다.

장면#2

며칠 전 반장과 학급 임원들이 와서 스승의 날 축하 준비를 한다길래 단호하게 안 된다고 거절을 했다. 다른 반도 다 한다는데 우리 반은 왜 안 되느냐고 항의성 투정도 매정하리만치 끊으면서 씁쓸한 마음을 가눌 수 없었다.

이윽고 스승의 날 아침. 교실로 향하는 발걸음이 유난히 무겁게 느껴지는 날이다. 교무실에서 교실로 가는 그 거리가 왜 그리도 멀게만 느껴지는지. 무거운 마음으로 교실 문을 열자 우려했던 것과는 달리 조용한 모습. 칠판에는 큰 글씨로 '선생님, 감사합니다. 스승의 날 축하드려요.'라고 쓰여 있을 뿐 예전처럼 알록달록 풍선으로 꾸며져 있지도 않고, 교탁에는 축하 케이크가 촛불로 밝혀져 있지도 않고, 아이들 손에는 폭죽이 빵빵거리며 터지지도 않는다. 서운하냐고? 절대, 절대로 서운한 생각은 털끝만치도 없다. 스승의 날인데 너무도 조용한 교실 풍경에 서운함보다는 안도감을 느껴야 하고 학생들의 순수한 마음마저도 받아줄 수 없는 현실이 서글플 뿐이다.

'부정청탁 및 금품 등 수수의 금지에 관한 법률', 소위 '김영란법'이 시행되고 난 후 학교와 교실에서 흔히 볼 수 있는 풍경들이다.

'김영란법'은 2015년 3월 27일 제정·공포된 '부정청탁 및 금품 등 수수의 금지에 관한 법률'을 제안자의 이름을 따 부르는 말로 이 법의 공식적인 약칭은 '청탁금지법'이다. 청탁금지법이 적용되는 기관은 국회, 법원, 헌법재판소, 선거관리위원회, 감사원, 국가인권위원회, 중앙행정기관 및 그 소속기관, 지방자치단체, 시·도 교육청, 공직유관단체(공직자윤리법 제3조의 2), 공공기관 운영법 제4조에 따른 기관을 포함한다. 또 각급 학교와 사립학교법에 따른 학교법인, 방송사업자, 신문사업자, 잡지 등 정기간행물사업자, 뉴스통신사업자 및 인터넷신문사업자 등의 언론사도 포함된다.

　김영란법이 시행되고 나서 좋은 점이 더 많은 것 같기도 하다. 예전 같으면 학부모와의 대면 상담이 꼭 필요한 경우가 생겼을 때 학부모에게 학교방문을 부탁하기가 영 부담스러웠다. 명색이 자식을 가르치는 선생님을 만나러 가는데 빈손으로 어찌 가랴하는 생각에 하다못해 음료수 박스라도 들고 가게 되고 이것을 거절하느라 정작 중요한 대면 상담 시간을 허비하는 경우도 꽤 있었는데, 지금은 학부모의 입장에서도 부담 없이 학교를 방문할 수 있고, 선생님 역시 학부모에게 부담 없이 하고 싶은 이야기를 할 수 있게 돼서 서로 간에 부담이나 불편함이 사라져서 편하다. 그리고 선생님의 입장에서도 학생에 대해 칭찬 일색의 형식적인 면담이 아니라 학업이나 학교생활, 진로 등에 대해 학부모에게 허심탄회하게 이야기하고 문제가 있을 경우 서로 머리를 맞대고 해결방법을 찾아보는 등 순기능적인 면이 많은 것은 사실이다. 다만 조금 서글픈 점이 있다면 학생들의 순수한 마음마저도 받아줄 수가 없다는 것이다.

　그러나 '김영란법'이 부정한 청탁과 금품수수 등을 방지하는 견제구 역할을 하기도 하지만 반대급부로 선생님들을 범죄자 내지는 잠재적 범죄자로 몰아가는 역할도 한다는 점에서 불편하다. 또 김영란법 시행을 앞두고 언론에서 앞다퉈 보도하는 내용 중 하나가 학교에서 관행적으로 행해지던 촌지근절, 교사에 대한 향응 제공 금지, 위반 시 해임 및 파면도 가능하다는 식으로 김영란법이 유독 교직 사회를 주 표적으로 하고 있는 것처럼 호도되는 것도 심히 불편한 부분이다. 오죽했으면 교직 사회에 대한 부정적인 선입견을 없애고자 교직 사회 스스로 자정 활동을 위해 학교에서 수시로 선생님들을 대상으로 청렴 연수를 수시로 실시하고 있고, 교무회의 석상에서도 반드시 김영란법 관련해서 교직원의 청렴의무를 수시로 강조하고 있겠는가? 서글픈 현실이 아닐 수 없다. 거기다 김영란법 적용 대상에 선생님은 안 되지만 학원 선생님은 된다는 기괴한 논리는 무엇이란 말인가?

'김영란법'이 잘못되었다는 것은 아니다. 없애야 한다는 것은 더더욱 아니다. 다만 교직 사회를 무조건적으로 부패한 집단, 개혁해야 할 집단으로 매도하고 선입견을 가지고 볼 것이 아니라 교직 사회 스스로의 자정 노력도 같이 봐 달라는 얘기다. 소수의 일탈 행위를 하는 선생님들 때문에 이 시간에도 교단에서 비지땀을 흘려가며 학생지도에 매진하는 다수의 선량한 선생님들의 노고가 묻혀서는 안 된다는 얘기다. 오늘따라 유난히 선생님께 드릴 음료수 한 캔을 다시 받아 들고 돌아서던 학생의 축 처진 어깨와 뒷모습이 미안하고 아리게 다가 온다.

교사의 본업은 가르침인가? 공문처리인가?

학교에서 하루 동안 접수되고 처리되는 각종 공문서 평균 70~80건. 부서별로 나누더라도 최소한 서너 건 이상은 날마다 쏟아지는 공문을 처리하고 보고하거나 자료집계시스템에 탑재해야만 하는 상황이다. 더구나 국정감사 기간이나 정기국회 개원 기간, 연말연시가 되면 교육청을 비롯한 각 행정부처와 국회의원실에서도 학교에 자료요청 공문을 보낸다. 심지어는 마감 시한이 당일인 긴급공문도 있다.(문제는 상당수가 당일치기의 긴급을 요하는 상황이 아니라는 것이다) 특히 국회의원실 요구사항 관련 공문들은 대부분이 국회에서 정책제안을 하기 위한 기초자료로 활용하려는 것들이 많은데 인문계, 전문계고 커리큘럼 설강 상황 보고와 학생 개인별 사교육비 지출 내역 비용 산출 보고, 최근 5년간 학교 주변 시설 공사 현황 보고, 학교별 1일 급식횟수 보고, 교실 및 기숙사 냉방 온도 설정 현황 등등이 실제로 학교로 하달된 국회의원 요구자료 공문 내용들이다.

또한 인문계 고등학교인 우리 학교의 실정이나 교육시스템과는 전혀 상관이 없는 내용에 대한 자료요구도 빈번한 편이다. 게다가 학생 수련 활동, 수학여행, 체험학습 관련 각 지방자치단체나 수련 활동 기관, 심지어는 여행사에서까지 협조공문을 보내온다. 그뿐인가 입시 철을 전후로 해서는 각 대학에서 각종 체험활동 프로그램에 참여하라는 공문, 대학별로 운영하는 방학 중 특강 지원, 각종 캠프 참여 요청공문 등등. 학교는 날이면 날마다 공문과의 처절한 전투(?)를 벌이고 있는 실정이다.

더 심각한 문제는 이러한 공문의 대부분이 학생들을 대상으로 이루어지는 교육 활동과는 직접적인 연관성이 없는 것들이 많다는 데 있다. 선생님들의 본업은 학생을 가르치고 기르는 것이지 공문처리가 아니다. 누구나 다 알고 있는 사실이지만 지금 학교현장에서는 이러한 다양한 공문들로 인해 정작 교사의 수업권, 학생의 학습권이 침해받고 있는 실정이다.

학생들에게 더 양질의 수업과 지식을 전달하기 위해 수업 연구에 매진해도 모자랄 판에 담당 교과와는 상관없는 공문을 처리하느라 우리 선생님들은 많은 시간을 할애해야 한다.

2002년 9월 교육행정정보시스템(NEIS)가 도입될 때 교사의 업무 경감에 획기적인 전환점이 될 것이라고들 했지만 오히려 전산화되었다는 점 외에 교사들이 처리해야 할 공문은 거의 변동이 없거나 복잡한 운용시스템으로 인해 더 번거로운 부분도 없지 않다. 결국 선생님들은 본인의 수업과, 행정적인 업무, 학생상담 등의 이중 삼중고에 시달리고 있는 실정이다. 심지어 최근에는 학생건강을 위해 교실마다 공기청정기를 설치한다는 공문도 왔는데, 관리 주체가 교사냐 행정실이냐를 두고 또 소모성 논쟁이 벌어진 웃지 못할 일도 있었다.

  선생님들도 학생이나 학부모의 기대에 부합하게 수업에만 몰입하고 싶다. 그러나 선생님들에게 주어진 여건은 생각보다 그리 여유롭거나 녹록하지는 않다. 가르치는 일에만 열중해도 모자랄 상황에 멀티플레이어가 되기를 요구하는 학교의 현실에 대해 진지하게 고민하고 발전적이고 상생할 수 있는 대안 마련에 대한 관심과 고민을 해야 할 때이다.

| 우리에게 가르침의 자유와 권리를 허하라~! |

〈2018. 07. 16 인터넷 각종 뉴스 보도 내용〉

고교 국어 교과 과정에서 배우는 고대 가요 '구지가(龜旨歌)'의 문학적 해석을 놓고 인천의 한 여고 교사가 성희롱 논란에 휩싸였다. 구지가에 나오는 '거북아 거북아 머리를 내어라'란 대목에서 거북이 머리가 남성의 성기인 '남근(男根)'으로도 해석된다는 교사의 설명이 문제가 됐다.
16일 인천시교육청에 따르면 인천의 한 사립여고에서 이 학교 A(58) 교사의 이런 설명이 학생 성희롱에 해당한다며 징계 절차가 진행 중이다. 앞서 해당 학교는 지난 9일 자체 성희롱 고충 심의위원회를 열어 민원이 제기된 A 교사에 대한 징계 요구와 함께 2학기 수업 배제를 결정하고 시교육청에 이를 보고했다.

이에 대해 A 교사는 "지난 30년간 교단에서 같은 내용의 수업을 가르쳤지만 아무런 문제가 없었는데도 학교 측이 일부 학생과 학부모 얘기만 듣고 자신을 성희롱 교사로 낙인 찍었다"라고 말했다. 그는 "지난 학기까지학생주임 업무를 맡다 보니 학생들 사이에 인기 없는 '꼰대'로 불렸는데, 혹시 그런 이유에서 자신을 성희롱 교사로 모는 건 아닌지 의심스럽다"라며 억울해했다.

이 같은 내용이 SNS를 통해 알려지자 A교사의 페이스북 계정에는 '어이 없다'는 반응과 함께 동료 교사와 제자들의 응원 댓글이 연일 수백 개씩 올라오고 있다. 한 동료 교사는 "구전으로 전해지는 고대 가요나 설화는 대부분이 성적인 내용을 포함하는데 매번 이를 가르칠 때마다 교사의 성희롱으로 받아들인다면 어떻게 수업을 할 수 있겠냐"라고 안타까워했다. A 교사 페이스북 계정에 올라온 댓글 중에는 "문화 혁명기 광기를 보는 듯 하다" "세상이 미쳐 돌아간다"는 식의 A 교사를 두둔하는 내용이 많았다.

·········· 유구무언. 이 기사를 읽고서 잠시 넋을 놓고 말았다. 대학 시절, 대학원 시절 가장 기본적으로 배워왔던 학설이자 내용이 고등학교 학생과 학부모, 사실관계 확인도 제대로 하지 않은 학교 측에 의해 수십 년간 교단에 서 온 한 교사의 명예를 사정없이 짓밟아버린 것 같다. 물론 수업을 수강한 당사자가 아니기 때문에 옳고 그름을 판단하기는 어렵지만 적어도 선생님이 교실에서 학생들을 대상으로 문학작품을 가지고 성희롱을 했다는 발상 그 자체가 놀랍고 통탄스러울 뿐이다.

아무리 온 나라가 미투 광풍으로 혼돈의 도가니 속이라 할지라도 선생님의 정당한 수업행위까지 성적인 잣대를 들이밀어서 폄하하고 모욕주고 징계를 한다면 어느 선생님이 열심히 가르치려고 할 것인가?
검증된 지식마저도 성희롱으로 간주되는 이 시대…… 나는 무엇을 해야 하는가?

| 아프니까 선생이다 |

지난 금요일 무렵부터 목이 간질간질했지만 대수롭지 않게 생각을 하고 넘어갔는데 주말이 되자 목이 붓고 기침과 가래가 심해졌다. 주말이라 응급실 외에는 딱히 갈 수 있는 병원도 없어서 그냥 집에 있는 종합감기약을 챙겨 먹었다. 약을 먹었으니 주말 지나면 나으려니 하고 안일하게 생각을 했는데 웬걸, 월요일 아침이 되자 상태는 걷잡을 수 없이 나빠져서 목소리도 잘 안 나오는 상황이 되어버렸다. 당장 2교시부터 수업을 해야 하는데 목소리는 안 나오고 아프기만 하다. 급한 대로 보건실에서 약을 받아먹고 따뜻한 물을 계속 들이켜면서 진정을 시켜봤지만 별 소용이 없었다. 결국 그런 상태로 수업엘 들어갔지만, 목이 잠겨서 목소리가 평소와는 너무 다른 데다가 밭은 기침이 심해져서 수업을 제대로 못 할 지경이었다. 어찌어찌 수업은 마칠 수 있었으나 목구멍이 불로 지지는 것 같은 극심한 통증이 닥쳐

왔다. 아프다, 정말 아프다. 그런데도 우리 선생님들은 수업을 해야만 한다. 아, 서글픈 선생님의 아픈 자화상이여!

결국 외출을 내고 학교 가까운 이비인후과를 찾아갔다. 한참 차례를 기다려서야 진찰을 받는데 내시경 화면에 보이는 콧속과 목이 의학에 문외한인 내가 봐도 참 아프겠다는 생각이 들 정도로 많이 부어 있었다. 의사 선생님은 감기와 인후두염, 기관지염, 축농증이 한꺼번에 합병증처럼 와서 상태가 많이 안 좋다며 당분간 말을 많이 하지 말고 따뜻한 물을 많이 먹어주란다. 목에 무리가 가는 일도 절대로, 절대로 하지 말란다. 허 참. 내가 누구인가? 입으로 말로 벌어 먹고 사는 직업이 아닌가? 그런 사람에게 말도 일절 하지 말고 목도 쓰지 말라니. 그래서 진료가 끝난 후에 조심스럽게 말했다.

"저기…… 제가요…… 선생님인데요. 어쩌죠?"

그랬더니 의사 선생님의 표정이 급변하면서 "앗, 죄송합니다."라고 거꾸로 사과를 하는게 아닌가. 진료를 마치고 돌아오면서 아파도 아플 수도 없는 이 팔자가 보람도 많지만 한편으로는 참 서글프다는 생각도 들었다.

존중과 조화, 내가 꿈꾸는 학교

나는 이런 학교를 꿈꿔왔다. 구성원 하나하나의 의견이 존중받고, 학교구성원이 협심해서 학교가 당면한, 당면해야 할 문제들을 민주적인 절차와 치열한 토론을 통해서 결론을 도출하고, 공동체 구성원의 든든한 지지 속에 운영되는 학교. 일등부터 꼴등까지 한 명의 인격체로 존중받고 보살핌을 받는 것이 당연한, 차별보다는 평등이 일상화되어 있는 학교. 학교 교육의 구심점인 선생님이 존중받고 교과 자율성과 학교운영이 조화를 이루는 학교.

그런데 나는 오늘 모임 자리에서 만난 후배네 학교의 이야기를 듣고서 또다시 학교의 현실에 좌절하고 분노할 수밖에 없었다.

후배의 말에 따르면 자신이 근무하는 학교에서 통섭의 교육과정운영과 교육과정 활성화라는 명분 하에 관리자가 교과와의 협의도 거치지 않고 계절학기 개념의 심화 수업을 하기로 결정했다는 것이었다. 그리고 다른 선생님들의 반발을 우려한 것인지 핀셋으로 콕 집어내듯 일대일로 거절할 수도 없는 상황으로 몰아넣고, 그것도 힘없는 기간제 선생님과 경력이 짧은 선생님들에게 계절학기 교과목 설강을 청유의 형태로 강요하고 있다는 것이었다. 게다가 계절학기 대상자는 최상위권, 결국은 기숙사생들로 하자고 했다는데 결국은 상위권 학생들 스펙 쌓기용으로 계절학기를 오남용하겠다는 노골적인 의사가 아닌가.

그래서 개별적으로 찾아가기도 하고 교무회의 석상에서 발언 기회를 얻어서 절차상의 문제와 교과 자율성 문제를 지적하자 돌아오는 답변은 사안이 시급하고, 교과 협의에는 이러저러한 이유로 시간이 많이 걸리고, 관리자의 판단에 논의가 필요하지 않다고 생각했다는 것이었단다. 게다가 교과에 의뢰하면 너도나도 안 한다고 해서 별수 없이 젊고 일을 묵묵히 해 줄 사람으로 결정하고 강요가 아닌 권유를 했다고 한다.

비록 우리 학교의 상황은 아니지만 관리자라는 신분으로 학교구성원의 의사를, 의견을 구하지도 않는 일방통행식의 사고방식과 너희는 그냥 위에서 시키는 대로 해라는 식의 상명하달식 불통의식, 내 입맛에 맞는 사람에게만 개별적으로 접촉해서 학교를 끌고 가겠다는 사조직화의 태도, 이미 답을 정해놓고 시작하는 독주를 제지하거나 막지도 못하고 그저 항의 정도밖에 할 수 없는 이 현실이 막막하다고 푸념을 하는 후배의 얼굴이 그날따라 더 우울해 보였다.

모든 학교가 다 이러지는 않을 테지만 부끄럽고 안타깝게도 이것이 대한민국 고등학교의 민낯이고 자화상인 것 같다. 적어도 교육의 다양성 확보와 통섭적 인재양성이라는 허울을 두르고 몇몇 소수의 학생들만을 위한 생기부 스펙 쌓기로 변질되는 이런 부끄러운 현실은 아니기를 빌어본다.

학교에 있는 모든 아이들은 다 소중하고 사랑받고 존중받고 차별받지 말아야 한다.

| 교사복지를 생각하는 시간 |

예전에 비해 학교 시설이나 환경이 몰라볼 정도로 좋아졌다. 8, 90년대 학교를 다녔던 세대들은 지금도 좁은 교실에 5, 60명씩 되는 학생들이 다닥다닥 붙어서 수업을 받던 그 시절을 생생하게 기억한다. 그 시절에는 교실에 냉난방 장치는커녕 무더운 한여름을 선풍기 한 대 없이 나는 건 다반사였고, 겨울에 교실에 설치해 준 난로는 온기를 기억하기가 드물 정도였다. 게다가 지은 지 오래된 학교의 경우 비만 오면 천장에서 물이 새는 경우도 허다했다.

학교마다 조금씩 차이는 있겠지만 요즘은 학생들이 쾌적한 환경 속에서 공부할 수 있도록 많은 시설 지원과 관리를 아끼지 않고 있다. 지금 교실에는 기본적으로 천정형 냉난방기와 개인사물함, 학습용 컴퓨터, 대형 화면 TV 등이 기본적으로 갖춰져 있고, 조만간 공기청정기까지 교실에 설치될 예정이라고 한다. 그 외에도 기숙사나 각종 운동 시설, 세면시설, 도서관, 상담실, 휴게실, 각종 교과 교실 등 예전에 비해 비교도 안 될 정도로 학생들의 학습권 보장을 위한 지원이 풍부해졌고, 앞으로도 학생들의 학습권과 건강권 등을 내실 있게 보장해 주기 위해 더 많은 정책들이 시행될 것이라고 한다.

학생들이 아무런 걱정을 하지 않고 오롯이 학습과 자기 계발에만 몰두할 수 있는 학생 중심 복지가 강화되어 간다는 것은 장기적으로 봤을 때 우리 교육이 지향해야 할 방향인 것만큼은 확실하다고 본다.

하지만 학생들의 복지를 위한 여러 가지 환경개선이 빠르게 이루어지고 있는 데 반해 정작 학생들을 가르치는 선생님들의 교내복지는 사각지대에 놓여 있다고 해도 과언이 아닌 것 같다. 그리고 지금까지 학교 내에서의 교사복지에 대한 논의도 거의 이루어지지 않은 것도 사실이다. 학생복지가 중요한 만큼 학생을 가르치는 선생님의 복지 또한 중요하다는 인식이 반드시 필요하다고 본다.

지금 학교에서 선생님들이 활용하는 가장 주된 공간은 교무실인데, 교무실은 대체로 공유공간의 성격이 강하기 때문에 개인적인 사생활 보호나 학생상담 활동에 상당한 어려움을 겪을 수밖에 없다. 그러다 보니 수업이 비는 시간에 잠깐의 휴식을 취한다는 것 자체가 사치에 가까울 정도이다. 계속되는 수업으로 인한 피로를 달래보려고 쪽잠이라도 잤으면 싶지만 주위 눈치를 살피느라 여의치 않고, 설령 잔다고 하더라도 사무용 의자에 불편하게 기대어 청하는 쪽잠이나 휴식이 얼마나 지친 심신을 달래줄 것인가? 실제로 쉬는 시간이나 점심시간에 잠깐 눈이라도 붙여볼 요량으로 의자에 기대어 있는 모습을 보면 너무나 불편해 보이고 안쓰러워 보이는 것은 나만의 생각일까?

혹자는 학교건물들이 크고 넓은데 선생님들 쉴 공간 하나도 확보 못 하냐고 의문을 가질지 모르지만 의외로 학교 내에서 사용 가능한 유휴공간은 별로 없다. 학년별 교실과 특별교실, 교무실 등을 제외하면 오히려 교실이 부족한 경우가 생기기도 하는데, 이런 경우 학생들이 우선시되기 때문에 선생님들의 휴게공간이 비집고 들어갈 틈이 있을 리 만무하다.

많은 것을 바라는 것은 아니다. 학생복지가 중요하고 반드시 해야 할 것이라는 것에 공감하지만 그 반면에 선생님들의 휴식권 보장을 위한 공간이나 시설지원도 필요하다고 생각한다. 그렇다고 해서 고대광실 같은 으리으리한 공간을 바라거나 호텔급 특급서비스를 받고자 하는 것은 절대 아니다. 다만 교무실이 아닌 개인적인 휴식이 철저하게 보장될 수 있는 소소한 공간이면 그걸로 족하고 찬물이라도 한 잔 마음 편하게 마실 수 있을 정도면 차고도 넘친다.

'선생님이 행복해야 학생이 행복하다'라는 말이 있듯이 선생님들에게 작은 휴식공간 제공을 통해 휴식권 보장뿐만 아니라 선생님들의 삶의 질을 높여줌으로써 교직 생활에 대한 만족감과 학생지도에 대한 사명감을 북돋울 수 있을 것이고, 궁극적으로는 학생 교육에 더 매진할 수 있는 토대를 확보할 수 있다는 점에서도 이제 교사복지에 대한 진지한 고민과 지원이 꼭 필요하다.

교원능력개발평가, 뭘 평가하라는 거야?

선배 선생님 한 분이 수업을 다녀오신 후 표정이 너무 어둡다. 수업시간에 무슨 일이 있었던 것은 분명한데 먼저 여쭤보기도 뭣해서 몰래몰래 곁눈질로만 보고 있는데 연거푸 한숨을 쉬시는 모양새가 생각보다 심각해 보였다. 그래서 평소 좋아하시는 커피를 한 잔 타 가지고 자연스럽게 권하면서 무슨 일인지 여쭤보았다. 한동안 말없이 커피만 드시던 선생님께서 뜬금없이 내던지는 말.

"차선생, 나 이제 선생 그만둘 때가 됐나 보네."

청천벽력같은 소리였다. 평소에 그렇게 교육에 대한 열정이 강하시고 후배들의 본보기가 되셨던 분이 갑작스레 내던지는 말 치고는 충격이 너무 컸다.

"교실에서 무슨 일 있으셨어요?"

"……내가 창피하고 부끄러워서 말을 못 하겠네."

"무슨 일이신데요?"

여러 번의 채근 끝에 들려주시는 선생님의 말씀은 말 그대로 어이가 없을 정도로 기막힌 사연이었다. 선생님께서 해 주신 이야기를 요약하자면 이렇다.

 교실에서 수업 중에 딴짓하는 학생이 있어 주의를 주셨는데 막무가내로 선생님의 지도를 따르지 않더란다. 한두 번도 아니어서 계속 주의를 주시다가 약간 언성을 높여서 학생의 수업 태도에 대해서 꾸짖었더니 학생의 말대답이 가관이었단다.
 "선생님, 곧 교원능력개발평가 기간인 거 아시죠?"
 그 말을 듣는 순간 할 말이 없어지고, 자신을 바라보는 학생들의 시선이 그렇게 부담스럽고 부끄럽게 느껴지기는 처음이라고 하셨다.
 "그래서 뭐라고 하셨어요?"
 "뭐라고 하기는…… 그냥 헛웃음 지으면서 다시 주의 주고 말았지. 어떻게 할 방법이 없었네. 허, 참. 막내뻘도 안 되는 학생한테 이런 말을 들으면서 내가 선생을 계속해야 하나라는 생각까지 들더구만."
 이야기를 듣는 동안 선생님께서 많은 아이들 앞에서 느끼셨을 부끄러움과 수치스러움이 가슴에 비수처럼 꽂히는 것 같다고 느껴졌다. 자기의 잘못은 생각하지도 않은 채 선생님에게 교원능력개발평가 기간이라는 말을 서슴지 않고 하는 이 현실에 대해 과연 무엇이라고 해야 할까?

 교원능력개발평가는 선생님들의 능력 신장 및 학생과 학부모의 공교육 만족도 향상, 공정한 평가를 통한 교원의 지도능력 및 전문성 강화를 통한 학교 교육의 질적 향상을 위해 매년마다 선생님을 평가하는 제도이다. 2009년까지 시범운영을 거쳐 2010년에 전국 학교에 적용한 제도인데 학생만족도 조사, 학부모만족도 조사와 동료평가로 나뉘고, 선생님들은 교장과 교감, 동료, 학생 및 학부모들에게 모두 평가를 받는다.

교원능력개발평가를 시행하는 과정에서 지나친 경쟁구조를 불러일으키거나 교원 인사고과, 성과급 산정 등의 자료로 악용될 소지가 있다고 하여 교육현장의 많은 반발을 불러일으켰지만, 지금은 전국 모든 학교에서 시행하고 있다.

시행 초기에 비해서 많은 부분들이 개선되고 평가방식도 다양해졌지만, 교원능력개발평가의 기능에 대한 학생이나 학부모들의 오해도 없지 않은 상황이다. 교원능력개발평가 기간이 되면 학생들에게 누누이 교원능력개발평가는 선생님 개개인에 대한 평가가 아니라 선생님의 수업에 대한 평가임을 강조하고, 인격 모독적인 평가는 지양하도록 하고 있지만 해마다 평가결과를 받아보면 선생님에 따라 개인차가 있기는 해도 육두문자 한두 개 정도 없는 선생님이 없다. 물론 과거에 비해 학생들의 인식이 나아져서 원래의 시행 취지를 잘 살리고 있는 부분도 많지만, 한편으로는 선생님들에 대한 인격 모독과 개인적인 감정을 쏟아내는 배출구라는 부정적 기능도 크다.

그리고 수업시간에 조금 엄격하게 하거나 야단을 치게 되면 그 선생님에 대한 평가는 곤두박질치게 마련이다. 학생들의 인식 속에 교원능력개발평가는 선생님들을 꼼짝 못 하게 하는 족쇄와도 같다고 생각하면서 수업시간에 교원능력개발평가 때 보자는 식의 불손한 발언을 아무 거리낌 없이 내뱉고 있다. 그런 상황이다 보니 자연히 선생님들은 수업시간에 약간은 소극적인 태도로 학생들을 대할 수밖에 없고, 스스로 참괴함에 시달리고 있는 것이다.

누구의 잘잘못을 따지기 전에 교원능력개발평가가 지향하는 원래의 취지인 선생님의 능력 신장과 공교육 내실화를 달성하기 위해서라도 평가방식이나 평가결과 활용 등에 대한 보다 나은 대안이나 개선 방향을 모색하는 것이 시급하다.

| 교권 상실 시대, 이 땅의 진정한 교권을 위하여 |

요즘 세상에 선생 노릇 하며 산다는 것은 참 어려운 삶인 것 같다. '군사부일체(君師父一體)'나 '스승의 그림자도 밟지 않는다'라는 말은 이미 화석이 되어버린 지 오래고, 하루하루 수업과 행정업무, 학생지도, 평가 등에 짓눌려 허덕거리며 살아간다.

더군다나 학생 인권에 대한 인식이 중요하게 대두되는 과정에서 과거의 잘못된 관행들이 많이 바뀌고 학교의 문턱이 많이 낮아지기는 했지만, 그와는 반대급부로 '교권 상실'이라는 새로운 부작용에 직면해 있기도 하다.

'교권'은 단지 '교사의 권력이나 권위'를 나타내는 말이 아니라 '교사의 소신에 따른 교육을 할 수 있는 권리'이며, '교권보호'란 교사의 교육적 소신에 대해서 그 누구도 불합리한 개입을 할 수 없도록 보장해 주는 것이 진정한 교권보호이다.

언론 보도를 보더라도 학생이나 학부모에 의한 교사 폭행, 폭언, 협박 등의 사례가 빈발하는 추세이고, 갈수록 심해지고 있으며, 신경정신과 병원의 문을 두드리는 선생님들도 급격하게 증가하고 있는 실정이라고 한다.

수업시간에 자거나 딴짓을 하는 학생을 지적했더니 선생님을 폭행하거나 폭언을 일삼는 학생이나, 자신의 자녀가 학교에서 부당한 대우를 받았다며 수업하는 교실에 들어와 학생들 앞에서 선생님을 폭행하는 학부모의 이야기는 더 이상 딴 세상 이야기가 아닌 학교의 우울한 단면이 되어버렸다.

이러한 현상은 학생인권조례가 제정된 2009년 이후에 급격하게 증가하는 추세를 보이는데, 특히 '학교 내에서의 체벌 금지' 조치 이후 학생들을 지도할 때 선생님에게 '체벌 금지인 거 아시죠?', '교원능력개발평가 때 봅시다', '경찰서에 고발할 거예요' 등등, 학생들이 보인 반응은 정말 기가 찰 지경이다.

그런데 더 답답한 것은 이러한 선생님에 대한 폭행이나 폭언 사건이 발생하더라도 좋은 게 좋은 거라고 덮고 가자는 관리자들의 수동적인 태도나 사건 해결은 당사자 간에 하라고 짐짓 외면하는 교육 당국의 태도들이다. 심지어는 피해자인 선생님에게 중재한답시고 가해자인 학생, 학부모에게 사과를 종용하는 관리자의 사례도 뉴스의 한 꼭지를 메꾸곤 한다. 결국 학생이나 학부모에 의해 선생님이 모욕과 폭행을 당해도 어디 하소연할 곳도 별로 없다. 교육청 산하에 교권침해 신고센터가 존재하지만 정작 학생이나 학부모에게 폭행이나 폭언을 당한 선생님 중 몇 사람이나 이 센터의 문을 두드릴까? 게다가 요즘에는 교권침해로 인해 정신적, 육체적으로 고통받는 선생님을 위한 '교권침해보험'상품도 출시될 정도이니 교권침해의 심각성과 해결 방안에 대한 진지한 논의가 절실한 상황이다.

예전에 선생님을 대상으로 하는 특강에서 '교육도 서비스업'이라고 목에 핏대를 세워가며 이야기하는 것을 듣고 기가 막혔다. 강사로 나온 사람도 현직에 있는 사람인데 자기 입으로 스스로 '나는 서비스 업종에 종사하는 사람이다'라고 자인을 하고 있는 것이었다. 그러면서 선생님들이 가장 조심해야 할 것이 '학부모 민원'이라는 점을 강조하면서, 민원이 발생했을 때는 절대 민원인인 학부모의 비위를 건드려서는 안 된다는 것과 최대한 민원인의 요구를 수용해 주는 방향으로 가는 것이 학교나 선생님에게 유리하다는 투로 말했다.

그 강사의 말을 간단하게 요약하자면 '선생님이 참아라'라는 이야기에 다름이 아니었다. 물론 학교나 선생님의 과실로 인해 발생하는 민원이라면 당연히 진심 어린 반성과 사죄를 하는 것이 백번 옳지만, 교권침해를 당한 상황에서까지 '서비스 정신'으로 참으라는 말을 한다는 것은 분명 잘못이라고 생각한다. 민원 당사자인 학생이나 학부모의 반발이 무서워서, 학교에 대한 주변의 부정적인 평가가 두려워서 우리 선생님들의 교권을 뒷전으로 미루는 것은 장기적으로 봤을 때 학교붕괴의 중요한 축으로 작용할 것이다. 앉아서 강의를 듣는 시간 내내 의자가 그렇게 불편하게 느껴졌던 적도 드물었다. 참으로 씁쓸한 '교권 상실 시대'의 한 단면을 본 것 같아 마음이 무거웠다.

'교권 상실의 시대'. 지독히도 서글픈 단어이지만 한편으로는 우리 선생님들이 다 같이 손잡고 헤쳐 나아가야 할 과제이기도 하다. 학생들을 가르치는 선생님들의 권리가 정당하게 보장되고 보호를 받을 수 있는 여건이 조성될 때 학교 교육의 질도 자연스럽게 높아질 것이고, 그러한 '교권보호'는 우리 선생님들 스스로가 선생님이라는 자존감을 가지고 소신 있게 학생들을 지도할 때 보장될 수 있는 것이다. '엄부자모(嚴父慈母)'의 심정으로 사랑과 정성으로 학생들을 대하고 가르칠 때 선생님에 대한 존경과 신뢰는 자연스럽게 우러날 것이며, 교권보호를 부르짖지 않아도 교권은 탄탄하게 바로 설 것이다. 그리고 학교의 관리자나 교육 당국에서는 이러한 선생님들의 교육적 소신과 교육 활동을 적극적으로 지지하고 뒷받침해 주는 인식과 태도의 전환도 꼭 필요하다고 본다.

| 정년퇴임, 신명나는 환장 놀이판을 위하여 |

　얼마 전 우리 학교에 30여 년을 근무해 오신 선배 선생님 세 분이 정년퇴임을 하셨다. 다른 것은 몰라도 교직 생활을 정리하시는 마지막 자리인 정년퇴임식만큼은 성대하게 해 드리고 싶었으나 정작 본인들의 고사로 회의실에서 조촐하게 하는 행사마저도 없이, 그 흔한 밥 한 끼도 없이 조용히 학교를 떠나셨다.
　나 역시 개인적으로 찾아뵙고 당신들 본인과 후배들을 위해서라도 정년퇴임식만큼은 하고 가시라고 강권을 했지만 그분들의 결정은 너무도 완강했고, 그 뜻을 거스를 수는 없었다. 내가 해 드릴 수 있는 것은 그저 마음속으로 '그동안 고생 많으셨고, 애쓰셨노라.'라는, '선생님 가시는 길에 늘 좋은 일들만 가득하시라.'라는 작은 바람뿐이었다.

　출근 후 비어 있는 옆자리를 바라보면서 수많은 생각이 교차한다. 정년퇴임. 한평생 오롯이 교육의 외길만 바라보고 걸어오신 선생님들이 잠시 삶의 쉼표를 찍는 시간. 교육에 대한 열정과 사명감으로 첫발을 디딘 후 수십 성상을 지나오면서 어느새 머리카락엔 군데군데 세월의 더께가 쌓여갔으리라. 교직에 들어선 후 많은 선배 선생님들의 퇴임을 봐 왔지만 시간이 흐를수록 정년퇴임의 의미가 퇴색되어 가는 것 같아 씁쓸한 마음을 금할 길 없다. 그리고 퇴임 당사자이신 선배 선생님들께서 퇴임식 자체를 안 하신다고 사양하시는 모습이 더 안타깝고 송구한 것은 무엇 때문일까? 모든 후배 선생님들과 제자들의 축하와 감사를 받아도 모자랄 판에 인생의 한 자락을 정리하는 그 의미 깊고 감격스러운 자리를 단지 후배들에게 부담을 주기 싫다는 이유만으로 고사하시는 이유는 무엇일까? 세상이 그렇게 변해가니까 그러하다는 말로는 도저히 설명도 납득도 되지 않는다.

적어도 정년퇴임식은 교사가 가장 존중받고 존경받아야 할 시간이다. 부담의 문화가 아닌 교육자로서 살아온 한세상을 되돌아보고 앞으로 살아가야 할 시간들을 격려하고 응원하는 놀이터가 되어야 한다. 마음속에 응어리진 것들을 다 풀어놓고 미움도 오해도 없이 다 털어놓고 홀가분하게 새로운 시작을 다짐하는 시간이어야 한다. 그래서 퇴임하시는 선배 선생님께는 자신이 교육자로서 살아온 세월에 대한 자부심이자 만족감을 재확인하는 시간이어야 하고, 후배들에게는 선배 선생님에 대한 감사와 존경과 본받음의 시간이어야 한다. 쓸쓸하고 허허로운 이별의 시간이 아니라 또 다른 인생 한마당을 나아가기 전에 한바탕 크게 놀아야 할 환장 놀이판이어야 한다.

나 역시 아직 먼 훗날의 일이지만 정년퇴임을 하는 자리에서 교사로서 살아온 나의 한평생이 후회 없었음을 웃는 얼굴로 회상하며 축복 속에 교직 생활을 마치고 싶다.

나의 길을 가려는 제자들에게

전화벨이 울린다. 발신자 표시를 보니 졸업생이다. '요 녀석들 또 배고프거나 술 고팠구나.'라고 속으로 생각하며 전화를 받았다.
"선생님, 잘 지내시죠?"
"어, 학교생활이 다 그렇지 뭐. 그런데 어쩐 일이야?"
"저 이번에 ROTC 장교로 임관합니다."
"정말?"
"네, 저 말고도 세 명 더 있어요, 선생님."
"그래? 그럼 니네들 시간 맞춰서 한번 보자. 임관 전에 선생님이 술 한 잔 살게."

이렇게 번갯불에 콩 구워 먹듯 약속을 잡고 보니 ROTC 장교로 임관하던 때가 엊그제 같은데 제자들이 후배 장교로 임관한다는 사실이 새삼스럽게 느껴졌다.

20여 년 전, 푸른 꿈을 안고 ROTC 장교로 임관하던 그때. 얼마나 설레고, 얼마나 긴장을 했는지 지금도 그때 느꼈던 감정이 바로 어제인 것처럼 생생하게 떠올랐다. 퇴근 후 학교 앞에서 만난 제자들. 고등학교 시절의 철부지로만 여겼는데 어느새 헌헌장부가 되어 사제가 술잔을 부딪치고 있었다. 임관을 얼마 안 남겨두고 있는 탓인지 본인들은 아니라고 하지만 약간은 긴장한 태가 역력했다.

'나 역시 저 때 그러했겠지……'

한 잔 두 잔 오가는 술잔 속에서 그동안 지내 온 이야기며, 학창시절 이야기, 예의 그 군대썰(?)들을 주고받다 보니 시간 가는 줄을 모를 정도였다. 두 명은 장기복무를 생각하고 있다고 했고, 한 명은 이미 모 그룹에 취업이 확정된 상태에서 임관을 한다고 했다. 나름 자신의 앞길을 잘 만들어 가고 있는 모습을 보니 대견하기도 하고 한편으로는 고맙기도 했다. 아마 내가 고등학교 은사님을 찾아뵐 때 은사님들께서도 당신들이 걸어오신 길을 따라 걷고 있는 제자의 모습을 보면서 지금의 나와 같은 대견함과 뿌듯함을 느끼시지는 않았을까 하는 생각이 문득 들었다.

화기애애한 우리들만의 조촐한 임관 축하 자리를 마치면서 제자이자 후배 장교들에게 말했다.

"너희가 임관해서 야전에 나갔을 때, 너희들이 데리고 살 수십 명의 젊은이들은 부모들이 애지중지 키워 잠시 동안의 보살핌을 나라에 부탁한 아이들이자 생사고락을 같이할 전우들이다. 항상 모든 일에 앞장서고 친동생처럼 보살펴서 무탈하게 부모의 품으로 돌려보낸다는 생각으로 보듬고 또 보듬어라."

그리고 마지막 한 마디는 마음속으로만 조용히 말했다.

'나도 너희들을 가르칠 때 그런 마음으로 생활했느니라……'

팽목에서

교원단체에서 주관한 팽목항 방문 행사에 참여했다. 이른 아침부터 시작한 녹록지 않은 일정이었지만 세 살배기 어린아이부터 은퇴하신 선배 선생님까지 참여한 모든 세대를 아우르는 뜻깊은 하루였다.

팽목항은 일 년 하고도 반년의 시간이 더 흐르다 보니 그날의 통곡 소리와 가슴 끓이는 소리는 귓속에서만 쟁쟁거리고, 차가운 바닷속에서 가엾게 피지도 못하고 별이 되어버린 아이들을 그리워하는 슬픔만 소리 없이 맴돌아 간다.

인적 끊어진 분향소에는 차가운 바닷속에서 별이 되어버린 304송이 꽃들이 영정사진 속에서 환하게 웃고 있었다. 분향소에서 향을 사르다 문득 눈길이 멎은 제단 위에는 생전에 아이들이 좋아하던 과자며 음료수가 가득 놓여 있어 서글픔을 더했다.

분향소 주변엔 세월호를 기억하는 십자가며 철 구조물, 상징물들이 그날을 잊지 말아 달라고 말없이 손짓하고, 방파제 위에는 돌아오지 않는 아이들을 기다리는 기다림의 의자와 하늘로 부치는 우체통, 방파제 끄트머리 노란 리본을 안고 있는 등대, 길을 따라 붙여놓은 추모엽서…… 그리고 행여나 돌아오지 못한 자식의 소식이라도 들을까 싶어 사고 이후 팽목을 떠나지 못하고 분향소 주변 임시거처에서 한뎃잠을 주무시는 부모님들을 보고 아무 말도 할 수 없어서 그냥 손만 꼭 잡아드리고 있었다.

같이 갔던 동료 선생님도 내색을 하지 않으려 고개를 들지만 눈자위가 붉어지고 눈가가 촉촉해지는 것이 보였다. 나 역시 콧잔등이 시큰해지면서 눈물을 주체할 수 없어 애꿎은 하늘만 한동안 올려다보았다.

돌아오는 버스 안은 깊은 심연처럼 침묵과 슬픔 속에 가라앉아 있었고, 말은 하지 않았지만 팽목에 남겨진 사람들의 슬픔과 간절한 소원을 다 같이 공감하고 있었으리라……

아, 언제쯤이어야 우리는 이 슬픔에서 놓여날 수 있을까……

2015년 10월 3일

세상 모든 선생님들께 고(告)함

일 년 중 한 날 스승의 날.

그냥 습관처럼 칠판 가득 채운 '선생님, 사랑해요!'라는 의례적이고 형식적인 글귀와 축하 꽃다발 없어도,

교실 가득 울려 퍼지는 영혼 없는 스승의 은혜 노랫가락이 없어도,
우리는 이 땅 대한민국의 선생님이다.

해마다 이맘때면
선생님들을 부정과 협잡, 부패가 판치는 악취나는 개혁의 대상으로 매도하는 언론의 시린 칼질에도,
선생님에 대한 존경과 예의보다는 뒷담화와 불손함에 더 익숙해져 가는 현실에도
무소의 뿔처럼,
진흙 속에서도 깨끗함을 잃지 않는 연꽃처럼
당당하고 자신감 있는 선생님으로 살아갔으면 한다.

우리가 선택한 이 길…….
힘들 때마다 교단에 서던 첫 설렘을 기억하며 꿋꿋하게
걸어갔으면 한다.

우리는 이 땅 대한민국의 선생님이다.

에필로그/글을 마치며

'간절하게 바라면 이루어진다'라는 영화 대사처럼 정말 우연치 않은 기회에 꿈이 현실이 되는 기적이 일어났습니다.

우연처럼, 인연처럼 다가온 기적 속에 지금까지 생각해 왔던 학교와 학생, 선생님에 대한 저의 경험과 소회를 한 자 한 자 진솔하게 담아내고 싶다는 소망으로 글을 쓰고 다듬기를 수도 없이 한 연후에야 부족하지만 소중한 결실을 거두게 되었습니다.

저는 아직도 많이 부족하고 제가 바라는 좋은 선생님이 되기에는 더더욱 부족함을 잘 알고 있습니다. 그래서 세상에 내보여질 이 글들의 무게가 더욱 무겁게 느껴지기도 합니다. 교단을 지켜온 세월을 담아 내놓은 이 글들을 디딤돌 삼아 앞으로 걸어가야 할 선생님의 길을 묵묵히, 그리고 의연하게 걸어가겠습니다. 그리고 지금 이 시간도 이 땅 대한민국의 구석구석에서 교육에 대한 열정과 사명감으로 굳건히 교단을 지키고 계시는 모든 선생님들께 이 글을 드립니다.

그리고, 이 글을 저의 평생의 반려이자 같은 길을 묵묵히 걸어가고 응원해 주는 든든한 교육 동지이자 아내인 임명희 선생님과 세상에서 가장 찬란하게 빛나는 제 삶의 보석인 소중한 아이들 의진과 혜솔에게 바칩니다.